Malawi
Flammen der Begeisterung
Eine spontane Reise voller Magie & Intensität

Für Irene

Bibliografische Information der Deutschen Nationalbibliothek:
Die Deutsche Nationalbibliothek verzeichnet diese Publikation in
der Deutschen Nationalbibliografie; detaillierte bibliografische
Daten sind im Internet über http://dnb.dnb.de abrufbar.

Malawi – Flammen der Begeisterung
Eine spontane Reise voller Magie & Intensität

Illustration: Esther Wendt
Covergestaltung und Layout: Esther Wendt
"Weltenseele" Acryl/Mischtechnik auf Leinen, 100x100cm,
Rückseite: "African Revival" Detailansicht, Acryl/Mischtechnik
auf Leinen, 100x100 cm, Esther Wendt

Herstellung und Verlag:
BoD – Books on Demand, Norderstedt
ISBN: 9 783746 015316

Inhalt

1) Vorwort
Christian Hlade – Weltweitwandern............. 7

2) Private Reisenotizen –
Funken der Neugierde 11

3) Malawi Map
Meine Reiseroute – Der "rote Faden".......... 15

4) Freitag, 4. April – Homebase Vienna
Beginn einer abenteuerlichen Reise............. 17

5) Samstag, 5. April
Lilongwe – Hart aber herzlich 19

6) Sonntag, 6.April
Mzuzu – Ankommen – Willkommen 23

7) Montag, 7. April
Chitimba – Schlaglöcher und Shortcuts 27

8) Dienstag, 8. April
Livingstonia – Mission possible................. 33

9) Mittwoch, 9. April Das Stone House –
Atmosphäre ohne Strom 37

10) Donnerstag, 10. April
Rumphi – Wegweisender Engel................. 43

11) Freitag, 11. April
Kazuni – Im Herzen Afrikas 51

12) Samstag, 12. April
Nkhata Bay – Nichts wie "weggg" 59

13) Sonntag, 13. April
Das Livingstonia Beach Hotel – Luxus pur ... 63

14) Montag, 14. April
Senga Bay – Wenn Wunder wahr werden ... 67

15) Dienstag, 15. April
Thyolo – Kleine Gesten, große Freude 75

16) Mittwoch, 16. April
Am Shire River – Wildlife, der Klassiker 79

17) Donnerstag, 17. April
Cape Maclear – Malerische Eindrücke......... 83

18) Freitag, 18. April
Monkey Bay – Kreisen, cruising, boarding ... 87

19) Samstag, 19. April
llala II – Die Fähre am Malawi-See 93

20) Sonntag, 20. April – Freud' & Leid als SBY
"Khalani Bwino Malawi" 103

21) Montag, 21. April
Am Jumpseat – Der Kreis schließt sich..... 107

22) Epilog Flammen der Begeisterung............ 109

23) Nachwort
Hubert Thurnhofer, der Kunstraum.......... 111

24) P.S.
Du bist die Welt – Weisheit aus Afrika 113

25) Glossar Begriffserklärung 115

26) Malawi – Statistische Daten 117

27) Quellenverzeichnis................................ 118

28) Danksagung... 119

29) Kurzbiographie 121

30) smART² = das Buch im Bild 123

1) Vorwort
Christian Hlade – Weltweitwandern

Achtung: Reisen kann Dein Leben verändern!
Reisen ist das Entdecken von neuen Dingen und
eine Zeit gesteigerter Aufmerksamkeit. Immer lerne
ich beim Reisen etwas Wertvolles für mich dazu!
„Reisen ist die Sehnsucht nach dem Leben", meinte
zum Beispiel Kurt Tucholsky.
Diese spezielle Energie, dieses intensivierte Leben,
das Entdecken neuer Orte und sich selbst – daran
lässt uns Esther Wendt in ihrem Reisebericht über
Malawi teilhaben. Ihre Erfahrungen und Eindrücke
sind der Spiegel einer Sehnsucht und das Nachge-
hen eines inneren Feuers.
All das kenne ich. Mich hat es, seit ich 15 Jahre alt
war, immer wieder hinausgezogen in die Fremde.
Zahlreiche Reisen nach Asien, Südamerika und Afrika haben mein Leben nachhaltig verändert. So
habe ich den bürgerlichen Beruf als Architekt an
den Nagel gehängt und meine Firma **Weltweitwandern** gegründet. Das Abenteuer ist bislang sehr gut
ausgegangen. Sehnsuchtsbücher von berührten
Menschen kann es nicht genug geben. Menschen,
die ihrem inneren Feuer, ihrer Sehnsucht folgen und
dies als Leitstern für ihr Leben nehmen! Spannende
Reiseberichte waren der Auslöser für meine Reisen:
Herbert Tichy, Heinrich Harrer, Alexandra David
Neel...
*"Niemand, der richtig reist kommt unverändert zu-
rück. Das Reisen verändert den Menschen. Nicht
immer allerdings und nicht bedingungslos. Man
muss dafür einen kleinen Einsatz leisten. Reisen ist*

in jedem Fall eine Art sich auszusetzen. Eine Art sich zu entkonditionieren und den Panzer der bequemen Gewohnheiten, der so wunderbaren Halt gibt, abzulegen. Dann erst fängt alles an: Wahrnehmung, Erfahrung, Veränderung. Das Reisen wird mehr als das bloße Aufsuchen von Sehenswürdigkeiten. Nichts wird mehr selbstverständlich, jeder Gang geht in eine Welt, die neu ist, wie der erste Tag in einem fremden Land."

Aurel Schmidt / aus seinem Buch: Wege nach unterwegs.

Das Feuer der Begeisterung und der Inspiration wird ganz stark durch Bücher weitergegeben und angefacht. Diesem sehr persönlichen Reisebericht von Esther wünsche ich viele, davon inspirierte LeserInnen!

Christian Hlade aus Johannesburg, am 6.10.2017
In diesem Sinne eine schöne Reise!

"Ein gutes Leben ist
eine Heldenreise nach der anderen.
Wieder und wieder wirst du
ins Reich der Abenteuer gerufen.
Zu neuen Horizonten wirst du gerufen.
Und jedes Mal hast du das gleiche Problem:
Trau ich mich?
Und dann, wenn du dich traust,
kommen die Gefahren
und auch die Helfer,
die Erfüllung und das Fiasko.
Es gibt immer die Möglichkeit des Fiaskos.
Aber genauso gibt es die Möglichkeit
der Glückseligkeit."
Joseph Campbell

2) Private Reisenotizen – Funken der Neugierde

"Eine mächtige Flamme entsteht
aus einem winzigen Funken."
Dante

"Der Malawi-See am Länderdreieck zwischen Ma-
lawi, Tansania und Mosambik im ostafrikanischen
Grabenbruch, der drittgrößte See Afrikas, der
neuntgrößte See der Welt existiert seit über einer
Million Jahren. Für viele Orte am See und die Liko-
ma-Inseln ist die Fähre die einzige Verbindung zur
Außenwelt, vor allem in der Regenzeit, wenn die
Straßen fortgespült sind. Seit 1951 steuert das
Dampfschiff Ilala II regelmäßig über zehn Häfen an.
Von Monkey Bay im Süden bis Karonga im Norden
ist man mit dem Schiff fünf Tage unterwegs..."

Mein Entdeckergeist war erwacht, ich sah mich
schon mit der Fähre über den Malawi-See schip-
pern. Der Artikel darüber begeisterte mich dermaßen, dass ich noch während des Lesens beschloss
dieses Land zu besuchen. Glücklicherweise stand
ich kurz vor einem Urlaub, für den ich nichts geplant hatte. Um meine innere Abenteuerlust zu stil-
len, wollte ich fremde Länder und Kulturen jenseits
der Trampelpfade erkunden, mich auf die Umgebung einlassen und ihre Atmosphäre spüren. Ich
war Single zu der Zeit, unter meinen Freunden und
Kollegen gab es niemanden, der meinen Entdecker-
und Forscherdrang teilte. Also machte ich mich

allein auf den Weg. Mein Motto: Raus aus der Komfortzone, rein ins Abenteuer! Meine Variablen: Flugtickets ohne fix gebuchten Platz, eine Reiseroute, von der ich nicht wusste, wie ich von A nach B komme und wo ich ein Nachtquartier finden würde. Das Wesentliche trug ich jedoch in mir: ein klares Ziel (die Fähre am Malawi-See), eine Windmühle grenzenloser Neugier, Mut, Vertrauen und ein loderndes Feuer der Begeisterung. Knappe drei Wochen sind eine sehr kurze Zeitspanne, in der man bestenfalls einen oberflächlichen Einblick in ein fremdes Land, in eine fremde Kultur bekommen kann – möchte man meinen. Die Intensität meiner Erfahrungen und die Abenteuer, die ich erlebte, widerlegen diese These.

Meine Zeit als Flugbegleiterin war ein wichtiger Lebensabschnitt. Ich war geprägt von einem vorgegebenen Dienstplan, den es galt minutiös einzuhalten, perfekt maniküret, lächelnd, souverän und gedrillt in jeder Notsituation die richtigen Maßnahmen zu ergreifen. Doch das war noch lange nicht alles. Dieser Beruf war auch Nahrung für meine kreative Seele und meiner Auseinandersetzung mit der Welt. Auf Reisen fand ich den Freiraum, aus dem schöpferisch Neues und Wertvolles entstehen konnte. Dafür bin ich unbeschreiblich dankbar.

Mit der gleichen Begeisterung und Spontaneität, mit der ich diese Reise im April 1997 unternommen hatte, entschloss ich mich 20 Jahre später, dieses Buch zu schreiben. Zum allgemeinen Verständnis habe ich einige Erklärungen im Nachhinein ergänzt.

Um in das "Mindset" einer reisenden Flugbegleiterin einzutauchen, habe ich die Begriffe der "Fliegersprache" beibehalten. Die Bedeutung der Abkürzungen finden Sie im Glossar. Meine Reiseroute ist der "Rote Faden" auf der Malawi-Map. Der Inhalt dieses Buches bezieht sich ausschließlich auf meinen Reisezeitraum, meine persönlichen Erfahrungen, Gedanken und Eindrücke, die ich auf dieser Reise erlebt habe.

Lieber Leser, liebe Leserin: schön, dass Sie der erste Funken der Neugierde berührt hat. Lassen Sie uns gemeinsam ein leuchtendes Feuerwerk der Begeisterung entfachen. Möge es in jedem Bereich Ihres Lebens Licht und Wärme bringen.

"Ready for take off?"

3)   Malawi Map
   Meine Reiseroute – Der "rote Faden"

meine
Reiseroute

"Malawi" Der Name kommt vom einheimischen Wort Maravi "Flammen", untergehende Sonne über dem Malawisee.

**4) Freitag, 4. April – Homebase Vienna
Beginn einer abenteuerlichen Reise**

NG 109 VIE – LGW mit unserer B767-300
John Weeks, einer unserer australischen Kapitäne
erlaubt mir bei der Landung im Cockpit zu sitzen.
Diesen "Heimvorteil" als Flugbegleiterin genieße ich
immer mit Begeisterung.
Nick, unser Manager von der GO London erwartet
mich wie versprochen. Dank ihm kann ich die drei
Stunden bis zu meinem Anschlussflug in der Execu-
tive Lounge verbringen. Ein weiteres Privileg einer
NG-Flugbegleiterin auf Reisen. Die Zeit nutze ich,
um meine Reiseroute zu planen und Unterkunfts-
möglichkeiten in meinem "Guide to Malawi" zu
markieren. Ganz in britischer Tradition bei einer
Kanne Tee.

20.45 LGW – LUS – LLW
mit einer B 747-400 der BA, Flugzeit: 09:00.
In der Y-Cl teile ich eine Vierer-Reihe mit einem
jungen Mann aus Sambia. Die Unterhaltung mit ihm
lässt die Zeit wie im Flug vergehen.

LUS – Zwischenlandung.
Mein Gesprächsnachbar hat seine Destination erreicht. Zwei Münchner nehmen die Plätze neben
mir ein. Rudi, ein rüstiger Mittsiebziger fliegt das
zehnte Mal nach Malawi. Für seinen Freund Rainer,
der ihn begleitet, ist es die erste Malawi Reise.

5) Samstag, 5. April
Lilongwe – Hart aber herzlich

10:00 – Ankunft in LLW.

Ein schwerer Regenschauer prasselt nieder, wir nähern uns mit hoher Geschwindigkeit der Landebahn. Ein kurzer und harter "touchdown" – wir starten durch! Der unsanfte Bodenkontakt hat Folgen. Hatracks öffnen sich, Handgepäckstücke fliegen durch die Luft, Teile der Verkleidung und einige Bordcomputer über den Sitzplätzen lösen sich aus ihrer Verankerung. Die Stimme des Captains meldet sich über das Board-Mikrophon:

"Sorry for this bouncy almost landing, we'll try it a second time."

Ein Kollege von NG erzählte mir später von einem Bericht unserer Landung im Flight International Magazin. Demzufolge gab es zwei leicht verletzte Passagiere. Die Cockpit Crew verlor kurz vor dem touchdown Sichtkontakt mit der runway. Beim zweiten Anlauf landeten wir fest, aber sicher am Boden.

Im strömenden Regen erwartet uns ein originelles Empfangskomitee. Fünf Mitarbeiter vom Flughafenpersonal bilden mit ihren Regenschirmen von der Stiege des A/C bis zum Bus eine Kette. So bleiben alle Passagiere beim Umsteigen trocken.

"Was für ein herzlicher Empfang!"

Rudi wird von seinem persönlichen Empfangskomitee erwartet. Ein Freund mit einem organisierten Taxi steht für die beiden Münchner bereit. Sie wollen zum Busbahnhof. Das ist auch mein Ziel, ich darf mitfahren. Es gibt zwei verschiedene Buslinien. Expressbusse von Speedlink sind sauber, meist weniger überfüllt und schnell. "Intercity" oder Lokal-Busse sind das Kontrastprogramm. Mein Plan, gleich weiter in den Norden zu fahren ist ganz im Sinne der beiden Männer. Rudi hat für einen Freund dieser Region ein Fahrrad mitgebracht. Gemeinsam steigen wir in einen Expressbus nach Mzuzu. Die voraussichtliche Fahrtzeit beträgt sechs Stunden. Der Bus füllt sich schnell mit einem bunten Gemisch aus Männern, Frauen mit Babys, Kindern, Hühnern, Kisten, Bündeln und Gepäckstücken.

Zwischenstopp: Polizeisperre. Ein Polizist inspiziert den Bus, er fahndet nach Drogen. Allzu ernst scheint er seine Aufgabe nicht zu nehmen. Pro forma blickt er in einige Kisten, dazwischen scherzt und lacht er mit den Passagieren.

Der nächste Zwischenstopp ist weniger amüsant. Tatort: eine öffentliche Toilette. Kothaufen mit riesigen, weißen Maden füllen den Vorraum. Ich mache eine Kehrtwendung, um mich nicht zu übergeben. Ein Schluck Gin aus Rainers Flachmann beruhigt meinen Magen wieder.

18:00 – Eine dramatische Inszenierung.
Die am Horizont niedergehende Sonne durchbricht wütend die schweren Regenwolken, bevor sie fast senkrecht ins Nirwana abtaucht. Der hereinbrechenden Dämmerung bleibt nur ein kurzer Auftritt in der Nebenrolle. Als Zugabe zu dem fliegenden Wechsel zwischen Tag und Nacht durchzucken Blitze das schwarze Bühnenbild. Der Nachthimmel öffnet seine Schleusen und lässt einen Regenschauer auf uns herunterprasseln. Die Sicht durch

die Windschutzscheibe des Busses ist gleich Null. Der Busfahrer bleibt unbeeindruckt, mit gleichem Tempo geht die Fahrt weiter. Es erscheint mir wie ein Wunder, planmäßig und sicher in Mzuzu anzukommen.

19:00 – Mzuzu, größte Stadt in Nord-Malawi.
Das Chanda Hotel – eine Empfehlung in meinem Reiseführer – habe ich mir zum Übernachten markiert. Die beiden Münchner schließen sich an, der Busfahrer bringt uns direkt hin. Dieses Service gibt es wohl nur in Afrika. Mein Wunsch ans Universum wird erfüllt. Nach achtzehn Stunden Anreise erwartet mich ein einfaches und sauberes Zimmer.
Zum Abendessen bekomme ich mein erstes einheimisches Menü serviert. "Nsima" heißt das Hauptnahrungsmittel in Malawi. Den Brei aus Maismehl isst man praktisch zu allen Speisen, oder auch alleine, wenn es sonst nichts gibt. Rudi führt mich in afrikanische Esskultur ein. Man nimmt mit der rechten Hand etwas Maisbrei, formt ihn zu einer Kugel, drückt mit dem Daumen eine kleine Mulde hinein und nimmt damit das Gemüse auf. Etwas umständlich lade ich eine kleine Menge der Speise auf und führe sie zum Mund. "Hoppla", ein paar Krümel erreichen ihr Ziel, der Rest fällt hinunter. Klingt für uns Weißnasen erst mal kompliziert und gewöhnungsbedürftig. Der Gewohnheitsmensch in mir bestellt eine Gabel. Gewohnheiten kann man ändern, der nächste Versuch klappt schon besser. Mein Motto: offen sein für Neues und Spaß haben. "Na bitte, geht doch!"
22:00 – Todmüde, zufrieden und dankbar falle ich ins Bett.

6) Sonntag, 6.April
   Mzuzu – Ankommen – Willkommen

"Wohin du auch gehst,
gehe mit ganzem Herzen."
Konfuzius

Nach meinem ersten Frühstück in Malawi gehe ich mit den beiden Münchnern eine Dorfrunde. Wir besuchen einen Freund von Rudi. Er arbeitet bei einem Transport-Service und will mir für den folgenden Tag jemanden organisieren, der mich nach Livingstonia bringt. Ich genieße den Spaziergang durchs Dorf, ich genieße die Sonnenstrahlen auf meiner Haut. Mein Geist ist klar, meine Seele fühlt sich wohlig und stark an. Mein Körper ist gestern gelandet, Geist und Seele kommen heute an. Jetzt bin ich in Afrika! Die Straßen sind nicht asphaltiert, es sind holprige, staubige Lehmpisten mit vielen Schlaglöchern. Am Marktplatz herrscht reges Treiben, sonst ist es ruhig und friedlich an diesem Sonntagmorgen. Außer uns dreien sehe ich keine weißen Menschen.

Nach einer kleinen Mahlzeit in einem Dorflokal spazieren wir gestärkt ins Hotel zurück. Das angrenzende Gebäude erweckt meine Aufmerksamkeit. Offensichtlich findet darin eine Veranstaltung statt. Die herausschallende Musik mit klangvollen Rhythmen zieht mich magisch an. Vor dem Gebäude haben sich etliche Kinder als Zaungäste angesammelt. Ich setze mich zu ihnen. Kaum habe ich Platz genommen, winkt mir der kleine Kassier vor dem Eingang zu.
"Welcome", ich bin willkommen, einzutreten. Mit Freude nehme ich das Angebot an. Der Raum ist

gedrängt voll mit Menschen. Soviel ich von hinten erspähen kann, musizieren und singen vorne auf einer Bühne acht Musiker. Die Gastfreundschaft der Menschen beeindruckt mich aufs Neue, als eine Frau mit anderen zusammenrückt, um mir ihren Sitzplatz anzubieten. Ängstlich drückt sich das Kleinkind an seine Mutter, als es mich erblickt. Es ist wohl das erste Mal in seinem jungen Leben, dass es einen weißen Menschen sieht. Der Klang volkstümlich-religiöser Rhythmen lässt mich vermuten, dass hier der Gottesdienst gefeiert wird. Natürlich! Es ist ja Sonntag. Das ganze Szenario wirkt auf mich wie eine Mischung aus Heiliger Messe, Volksfest und Disco. Manche sitzen, andere stehen und tanzen. Mütter mit ihren Babys am Rücken wiegen sich rhythmisch im Takt. Die Menschen haben sich für die Veranstaltung fein angezogen, besonders die Kinder hat man herausgeputzt. Die festliche Stimmung ist aufgeladen mit spürbarer Freude und Energie. Ich als "Einzige Weiße" mittendrin fühle mich wohl und geborgen in dieser "Weltenfamilie."

Rudi ist bei seinen Freunden zum Abendessen eingeladen, Rainer und ich gehen ins "Tropicana" – das Lokal, in dem wir bereits zu Mittag waren. Ein paar Australier und Engländer leisten uns Gesellschaft und gemeinsam verbringen wir einen gemütlichen Abend mit anregenden Gesprächen.

7) Montag, 7. April
   Chitimba – Schlaglöcher und Shortcuts

Beim Frühstück gesellt sich ein Einheimischer zu mir. Sein Bruder lebt in Livingstonia, er kann mir beim Auftreiben eines Transportes behilflich sein. Ein öffentliches Bus- oder Taxi-Service gibt es von und nach Livingstonia nicht. Gute Kontakte sind hier sehr nützlich, wenn nicht gar lebensnotwendig. Er gibt mir die Adresse seines Bruders. Malawier sind aufgeschlossene, freundliche und interessierte Menschen. Nicht von ungefähr trägt Malawi den Beinamen „Warm Heart of Africa".

Ein anderer möchte eine Brieffreundschaft, wir tauschen Adressen aus. Abschied von den zwei Münchnern. Der Brieffreundschaftskandidat begleitet mich zum Busbahnhof.

10:30 – Lokalbus nach Chitimba.
Als einzige Mzungu – es ist das Wort für "Weiße" hier – sitze ich in einem klapprigen Bus, der sich immer mehr mit Menschen füllt. Mein Sitznachbar, ein junger Mann will Priester werden, so erzählt er mir. Neben dem Gang sitzt eine junge Frau mit ihrem Baby. Es geht ihr nicht gut, ich gebe ihr einen Reisekaugummi. Gepäck, Kisten, Maissäcke stapeln sich hinter dem Fahrersitz. In einigen Kartons werden Hühner transportiert. Ein Passagier bringt seinen Fischeinkauf mit in den Bus.
Straßensperre – Drogenkontrolle. Diesmal müssen alle aussteigen. Alle, außer mir! Ich kann

sitzenbleiben, gibt mir der Polizist zu verstehen. Nach der Inspektion nehmen auch die anderen Fahrgäste wieder ihre Plätze ein und weiter geht die Fahrt.

Im "Multitasking-Modus" lasse ich die subtropische Landschaft an mir vorüberziehen, gleichzeitig versuche ich mir ein paar Vokabeln in Chichewa einzuprägen. Das ist etwas, was ich mir auf meinen Reisen angewöhnt habe. Erstens macht es Spaß, zweitens kann es sehr nützlich sein und nicht zuletzt hat es auch mit Respekt gegenüber dem Land und seiner Bevölkerung zu tun.

14:30 – Ankunft in Chitimba nach vier Stunden.
"Moni! Muli bjanwi? – Hallo! Wie geht es Dir?"
"Ddili buino, kaya inu? – Es geht mir gut und Dir?"
Der Mann, der mich gleich nach dem Aussteigen begrüßt, ist mehr als erstaunt, eine Antwort in seiner Sprache zu bekommen. Zum Glück spricht er auch Englisch, denn mein Chichewa Wortschatz ist auf ein paar Wörter begrenzt. Der Mann im Anzug mit weißem Hemd und Krawatte stellt sich als Elias vor. Er ist Lehrer und auf dem Heimweg nach Livingstonia. Gemeinsam warten wir auf einen Transport. Chitimba besteht aus ein paar Hütten. Im Schatten eines kleinen Verkaufsladens stärken wir uns mit Cola und Keksen.

Die Behausungen sind im traditionellen, malawischen Architekturstil errichtet: viereckige Lehmhütten mit Strohdach. Mein Interesse am Dorfleben und das Interesse der Einheimischen an einer "Mzungu" beruht auf Gegenseitigkeit. Daraus ergeben sich spannende Begegnungen mit den hier lebenden Menschen. Die meisten sprechen so viel

Englisch, wie ich Chichewa, die Verständigung erfolgt durch Gebärdensprache und einem offenen Herzen.

Die Frauen im Dorf zeigen mir, wie sie aus den Maiskolben feines Mehl herstellen. Der Mais wird zum Trocknen auf Schilfmatten aufgelegt. Das getrocknete Getreide, bei uns auch Kukuruz genannt, kommt in einen Holzbottich, in dem die Frauen mit kräftigen, rhythmischen Bewegungen den Mais zu Mehl stampfen. Als Werkzeug dient ein langer Holzstock. Bereitwillig lässt man mich ausprobieren und drückt mir den Holzstock in die Hand.

"Hoppla, ganz schön schwer", dieser Prozess erfordert viel Kraft und Geschick. Der Holzstock wandert zurück in die erfahrenen Hände der Frauen. Die Frauen arbeiten hart, während einige Männer herumsitzen, ohne irgendetwas zu tun...

Erdnüsse, wo kommt ihr her? Jedes Kind bei uns kennt Erdnüsse und was wäre ein Nikolaus-Sackerl ohne sie? No way! Doch ganz ehrlich: wer macht sich schon Gedanken über ihren Ursprung? Ich nicht. Diese Bildungslücke kann ich jetzt schließen. Ein Junge freut sich, dass er mir die Pflanzen zeigen kann. Die Stängel sind nach unten geneigt und graben sich in den Boden ein. Mit seinen kleinen Fingern wühlt er in der Erde und stolz wie eine Trophäe präsentiert er mir eine frisch geerntete Erdnuss! Die erste Silbe ihres Namens stimmt, sie reift in der Erde. Eine Nuss ist sie aber nicht, sondern eine Hülsenfrucht. In der Dunkelheit der Erde entwickeln sich aus den Samen die Früchte, die wir als Erdnüsse kennen. Erstaunlich, wie konkret und anschaulich sich die Weltsicht durch die Dinge selbst vermittelt. Man sieht und versteht beinahe wortlos.

Die mitgebrachten NG-Sticker, Kugelschreiber und aufblasbaren Delphine bewähren sich, die Kinder haben eine Riesenfreude damit.

Als Nächstes folgt mein Debüt als Dorffotografin, alle wollen fotografiert werden. Die Adressen zum Versand notiere ich in mein Notizbuch. Der Ambulanzwagen kommt vorbei, er ist voll beladen, man kann uns nicht mitnehmen.

Vier Stunden später – es ist bereits dunkel, kommt ein Transportfahrzeug, diesmal ist genügend Platz. Alle Wartenden, inklusive mir klettern auf die offene Ladefläche. Ein Autoreifen bietet sich mir als Sitzplatz an, eingezwängt zwischen einem Korb mit Fischen und einem Mann, der sich vorsichtshalber einen Sturzhelm aufsetzt. Insgesamt zähle ich an die 25 Leute mitsamt ihrem Hab und Gut auf der Ladefläche. Für einige bleibt nur ein gefährlicher Stehplatz übrig. Die Straße windet sich in engen Haarnadelkurven den Berg hinauf. Schlamm und unzählige Schlaglöcher inklusive. Nur sechzehn Kilometer, aber die haben es in sich. Langsam und mühselig wie ein alter Mensch erkämpft sich das überladene Fahrzeug Meter für Meter den Weg.

"Bingo", was der Mensch befürchtet, das trifft ein: wir bleiben im Morast stecken. Mit Ausnahme der Frauen müssen alle runter vom Wagen. Unter enormem Krafteinsatz gelingt es den Männern das Fahrzeug aus dem Schlammloch zu ziehen. Wohl in weiser Voraussicht führt man für solche Fälle Schaufeln mit. Eine halbe Stunde später setzt sich unsere fahrende Schicksalsgemeinschaft wieder in

Bewegung. Dieses Procedere wiederholt sich noch zweimal, bis wir nach drei Stunden Livingstonia erreichen. Sechzehn Kilometer in drei Stunden!

Elias, der Lehrer bietet mir an, mich ins Stone House zu begleiten. Ein mühseliger, morastiger Weg von einer Dreiviertelstunde liegt vor uns, damit habe ich nicht gerechnet. Dankbar nehme ich sein Angebot an. Als Ortskundiger kennt er Abkürzungen mit gehtauglicherer Wegbeschaffenheit. Höflich fragt er mich, ob es mir etwas ausmacht, ein paar "shortcuts" zu nehmen. Mein Bauchgefühl hat keine Einwände gegen einen Vertrauensvorschuss. Weniger Matsch, Ja! Dafür versperrt uns Dickicht den Weg. Im Schein meiner Taschenlampe schlage ich mich hinter ihm durchs Gebüsch.

Endlich! Das Stone House ist erreicht. Elias, mein wegweisender Lehrer, verabschiedet sich. Ein "Security-guide" zeigt mir mein Zimmer. Es gibt Stromanschluss, aber keine Glühbirnen. Das gilt auch für den Waschraum im Keller. Außer mir sind vier Holländer im Haus. Einer von ihnen sitzt im Gemeinschaftsraum. Nach einer kurzen Unterhaltung mit ihm begebe ich mich zur Nachtruhe.

8) Dienstag, 8. April
Livingstonia – Mission possible

5:15 – Das Morgenlicht liegt wie ein weicher Schleier über der subtropischen Hügellandschaft. Am Horizont hängen graue Wolken, Nebelfetzen hüllen die Berggipfel ein und verleihen dem Anblick etwas mystisch Geheimnisvolles.

Zum Frühstück gibt es Tee und köstliche Pancakes. Die vier Holländer machen sich auf den Weg, ich bin allein. Aber nicht lange. Zwei Jugendliche vom Ort wollen mir die Manchewe-Fälle zeigen. Thomas, sechzehn und der zwölfjährige Macson. Die beiden machen einen sympathischen Eindruck und so freue ich mich auf eine Erkundungstour in Gesellschaft ortsansässiger Jugendlicher. Im Dorf schauen wir beim Hospital vorbei, um für mich einen Transport für den nächsten Tag zu organisieren.

Zu Mittag bestelle ich im einzigen Lokal der Ortschaft Nsima mit Gemüse. Am Marktplatz gibt es Bananen und Fisch zu kaufen. Ein "Déjà-vu Erlebnis mit Fischen" – zuerst im Bus, dann bei der abenteuerlichen Fahrt nach Livingstonia bin ich neben ihnen gesessen.

Der Weg zum Wasserfall ist abenteuerlich. Wir bahnen uns einen Weg durch dichtes Blätterwerk, folgen einem schmalen, verschlungenen Pfad durch den Wald, klettern über Felsen, überqueren kleine Bäche ohne Brücken, bis wir unser Ziel erreichen. Der Wasserfall liegt einige Kilometer unterhalb der

Mission versteckt und gehört zu den höchsten Wasserfällen Malawis. Direkt hinter dem Wasserfall zeigen mir die beiden eine Höhle mit Felsenzeichnungen und dem klingenden Namen "Lovers nest". Wir sind umgeben von üppiger Dschungellandschaft und Grün in allen Schattierungen. Inmitten dieser Idylle ein Naturswimmingpool, leider ist das Wasser trüb vom vielen Regen.

Lächle – und die Welt lächelt zurück. Makellose, strahlend, weiße Zähne blitzen kontrastierend zu Macsons schwarzen Teint auf, wenn er lacht. Mit seinem Bilderbuchlächeln wäre er ein perfektes Zahnpasta-Model. Darauf angesprochen, zeigt er mir, wie er seine Zähne reinigt. Von einem Baum bricht er einen kleinen Zweig ab, mit einem Taschenmesser schnitzt er es sich zurecht, zwirbelt ein Ende davon auf und "voilà", das ist seine Zahnbürste.

Im Dorflokal schaue ich der Frau bei der Zubereitung der Nationalspeise Nsima zu. Über einer Feuerstelle im Zentrum der Lehmhütte hängt ein Kessel mit Wasser. Auf einem Schemel sitzend verrichtet sie ihre Tätigkeit. Sie schüttet Maismehl ins kochende Wasser und rührt so lange, bis die Masse zu stocken beginnt. Macson und Thomas lade ich zum Essen ein und gemeinsam lassen wir es uns im Gastraum mit einem Durchmesser von etwa drei Metern schmecken. Wie die Jugendlichen esse ich mit den Fingern und greife beherzt in den Brei. Die beiden strahlen um die Wette. Kein Wunder! Für sie ist es eine Premiere, im Dorflokal zu speisen. Ich strahle mit ihnen, ich bin glücklich das alles hier erleben zu dürfen. Wir erreichen das Stone House rechtzeitig vor einem schweren Regenschauer. Die beiden verabschieden sich für eine Weile.

Nach dem Regen steht Macson wieder bereit, er will mit mir einen Rundgang durch die weitläufige Siedlung machen. Es gibt Einiges zu sehen. Die Schule mit ihren Arkaden; die Kirche im schottischen Stil mit einem farbenprächtigen Glasfenster. Neben all dem Sehenswerten halten wir Ausschau nach einem Transport für mich. Jedes Fahrzeug, das vor einem Haus steht, wird als potentielle Möglichkeit in Betracht gezogen. Undenkbar, so etwas bei uns zu Hause zu tun! In einem Haus gibt ein Lehrer Privatunterricht. "Welcome!" Ich werde eingeladen, einzutreten. Was folgt, ist eine Stunde französischer Konversation mit dem Lehrer und den vier Kindern. Die Dame des Hauses kann mir bezüglich eines Transportes nicht helfen, ihr Mann ist nicht zu Hause. Sollte er am nächsten Tag nach Chitimba fahren, will sie mir Bescheid geben. Zum Abschied schenkt sie mir schätzungsweise ein Kilo Bananen, zwei Eier und drei Muffins – für mein Frühstück, sagt sie.

Macson und Thomas begleiten mich zum Stone House zurück. Als Dank für den erlebnisreichen Tag überlasse ich den beiden das soeben erhaltene Frühstückspaket, über das sie sich riesig freuen.

Im Stone House sind neue Gäste angekommen – drei Engländer. Man hat uns ein ausgiebiges Mahl aus Reis und Gemüse zubereitet. Gemeinsam lassen wir es uns schmecken und den Abend mit anregender Unterhaltung bei einer Kanne Tee ausklingen.

9) Mittwoch, 9. April
   Das Stone House – Atmosphäre ohne Strom

Für das Frühstück sind Pancakes geplant – so die Theorie. Praktisch sind zu viele Gäste oder nicht genügend Eier im Haus. Wir teilen die zwei Portionen durch vier und so bekommt jeder etwas davon. Mein erneuter Versuch im Hospital einen Transport zu finden ist vergeblich, der Wagen ist bis zum letzten Platz belegt. Eine weitere Fahrt ist für Mittag geplant, allerdings sind auch diese Plätze schon reserviert. Versuchen könnte ich es trotzdem, gibt man mir höflichkeitshalber zu verstehen. Um meiner Ratlosigkeit etwas entgegenzusetzen, gehe ich eine Dorfrunde, bevor ich die Zielgerade zu meiner Unterkunft einschlage.

In einem Teil vom Stone House ist ein kleines Museum untergebracht. Es erzählt die Geschichte der Missionsstation, die hoch über dem Malawi-See liegt. Livingstonia ist nach dem schottischen Missionar & Afrikaforscher David Livingstone benannt, gegründet von einem seiner Schüler, Dr. Robert Laws im Jahr 1875. So erfahre ich, dass meine Unterkunft das ehemalige Wohnhaus von Dr. Laws war.
In der Küche meiner Herberge sitzt der Fahrer der Schule und trinkt Tee. Er fährt vielleicht gegen Mittag nach Chitimba. Wenn ich mitfahren will, soll ich zur Kreuzung kommen.

Viktor, die gute Seele des Hauses ist beim Bügeln. Sein Bügeleisen ist ein wahres Retro Schmuckstück, es ist mit heißen Kohlen gefüllt. Ich habe mein Hemd am Vortag gewaschen, ob er es eventuell trocken bügeln könne? "No problem." Ich bekomme mein Hemd trocken, perfekt geglättet im Vintage Style zurück. Nein, keine Löcher, nur ein paar Rußflecken!

Abschied von Viktor und dem Stone House. Macson und Thomas, meine zwei treuen Gefährten begleiten mich zur Kreuzung. Es ist April, folglich noch Regenzeit in Malawi. So wiederholt sich meine Erfahrung mit ausgeschwemmten und matschigen Wegen. Dank der einheimischen Führung gibt es wieder Abkürzungen, wir überqueren einen Bach und erreichen nach einer guten halben Stunde die Kreuzung. Es dauert nicht lange, bis ein Fahrzeug vorbeikommt. Ich soll fragen, ob ich mitfahren kann. Auf das Auto von der Schule zu warten sei ungewiss.
"Manchmal kommt es, manchmal nicht, alles ist möglich, nichts ist fix." Ich laufe hinter dem Fahrzeug her, es bleibt stehen. Der Hoffnungsschimmer verflüchtigt sich, es ist voll beladen. Schon bin ich dabei, mich auf "Wartemodus" einzustellen und zum Platz zurückzukehren, wo die beiden Jugendlichen mit meinem Rucksack warten. Aus dem Augenwinkel bemerke ich, wie die Männer vom Fahrzeug springen, Schubkarren und Werkzeug ausladen. Bevor ich mich fragen kann, was hier vor sich geht, winkt man mir zu, ich soll zurückkommen – JETZT kann ich mitfahren. Fünf Männer mit Schubkarren und ihrem Werkzeug bleiben hier, damit ICH

mitfahren kann? Das verschlägt mir erst mal die Sprache. Das kann ich doch nicht annehmen, oder? "No problem", sagen sie, sie haben ihr Programm geändert, die Straßenarbeiter fahren am nächsten Tag. Mir bleibt nichts anderes übrig, als mich in Windes Eile von Macson und Thomas zu verabschieden. Dankbar und überwältigt von so viel Gastfreundschaft klettere ich auf den Transporter. Ein Mann sitzt bereits auf der offenen Ladefläche. Wieder auf einem Reifen, diesmal zwischen zwei Benzintanks finde ich meinen Sitzplatz und schon geht es auf holprigem Weg ins Tal.

Während mein Körper versucht, die Schlaglöcher so gut es geht auszubalancieren, denke ich über das Phänomen "Zeit" nach. Zeit hat hier eine komplett andere Bedeutung als in der westlichen Welt. Das afrikanische Zeitgefühl erfordert viel Gelassenheit und davon scheint man hier eine Menge zu haben. Den Menschen ist es egal, wann ein Transport kommt, wichtig ist, dass ein Transport kommt. Sie haben Zeit, leben im Hier und Jetzt. Wir haben die Uhr, hetzen von einem Termin zum anderen. Mit dieser Erkenntnis stelle ich mir selbst eine neue Herausforderung zum Thema Zeit: Jetzt bin ich in Afrika, jetzt habe ich die einmalige Chance, meine Zeit auf "Jetzt" einzustellen. Es ist mir bewusst, dass mein "Jetzt" auf der linearen Zeitrechnung bleibt. Erstens möchte ich unbedingt die Fähre am Malawi-See erreichen, zweitens muss ich in zehn Tagen wieder in Wien sein, um meinen Dienst bei Lauda-Air anzutreten. Bis dahin bin ich bestrebt mit Achtsamkeit die alltäglichsten Begebenheiten im Hier und Jetzt zu erleben. Brauch ich dann eigentlich noch eine Uhr? Ich will mich hier nicht von meiner Gewohnheit, jeden Termin auf die Minute zu planen, stressen lassen. Mal sehen, wie mir das gelingt.

Ein paar Mal rutschen wir in schlammige Schlaglöcher, abgesehen davon erreichen wir ohne größere Zwischenfälle Chitimba. Während eines kurzen Zwischenstopps unterhalte ich mich mit der Frau im Fond des Wagens. Lucy, so heißt die junge Frau, hat ihre Schwester im Hospital von Livingstonia besucht und ist nun am Rückweg nach Lilongwe. Bis Rumphi habe ich eine nette Weggefährtin.

Chitimba – Ein Junge läuft mir über den Weg, er kommt mir bekannt vor. Wir sind uns vor zwei Tagen bei meiner Ankunft in Chitimba begegnet. Den Bus haben wir um fünf Minuten verpasst, lässt er uns wissen. Wieviel Zeit für ihn wohl fünf Minuten sind? Lucy und mir bleibt nichts anderes übrig, als am Straßenrand auf den nächsten Transport zu warten. Für die Kinder bin ich eine willkommene Abwechslung. Sie scharen sich um mich, besser gesagt, setzen sich vor uns auf die Straße. Mit Begeisterung werfen sie sich in Posen, um in den Focus meiner Kameralinse zu kommen. Auf diese Weise vergeht eine Stunde im Nu – ein weiteres Beispiel zum Thema Zeitphänomen!

Ein Bus taucht auf. Die Fahrt nach Rumphi wird mit einer der landesüblichen Straßensperren unterbrochen – Alles aussteigen! Wieder sehe ich ein bekanntes Gesicht. Eine Mutter mit ihrem Baby war mit mir im Bus von Mzuzu nach Chitimba. Wir begrüßen uns wie alte Bekannte.

Rumphi – Die Kleinstadt mit breiten, staubigen Straßen ist umgeben von sanften Hügeln. Soviel kann ich noch erkennen, bevor die Sonne hinter den Hügeln des Ortes verschwindet. Die Unterkunft, die ich mir in meinem Reiseführer für diesen Ort markiert habe, ist schnell gefunden. Ein Zimmer ist auch frei. Nachdem ich mich für diese Nacht einquartiert habe, brauche ich dringend Trinkwasser. Am Dorfplatz finde ich einen Supermarkt, leider ist er geschlossen. Doch ich habe Glück, für eine Mzungu wird das Fenster geöffnet, man reicht mir drei Flaschen Soda durch. "Take away" auf Afrikanisch.

Ein leuchtender Sternenhimmel erhellt mir den Rückweg zu meiner Herberge. Fasziniert den Blick nach oben gerichtet, trete ich versehentlich in eine Pfütze. Ärgerlich oder ... STOP! Mit Staunen sehe ich das Reflektieren der Sterne in der Wasserlache. Welch ein funkelndes Geschenk hier auf der Straße liegt für den, der sich in Demut vor der Schöpfung neigt.

Nach einer erstmalig heißen Dusche falle ich mit einem Gefühl von Dankbarkeit in einen tiefen Schlaf.

10) Donnerstag, 10. April
   Rumphi – Wegweisender Engel

"Was ihr Tao (Weg) nennt,
wo ist es zu finden?"
Tung-Kuo Tzu

Die Sonne und ich starten gemeinsam in den Tag.
Ein paar Fotos vom Zimmer für die Reisechronik,
oder doch nicht? "Klack, klack", die Kamera gibt
einen beängstigenden Ton von sich. Ich werde
mich später darum kümmern, im Moment habe ich
andere Prioritäten.
Frühstück im Lokalrestaurant Tiworge, es gibt Tee
und Brot. Es dauert nicht lange und ein junger
Mann sucht das Gespräch mit mir. Ihn beschäftigt
das Thema "Freedom of expression and Freedom of
doing things". Im Dialog mit den Menschen erfahre
ich, wie sie leben, was sie denken und welche
Träume sie haben. Das ist immer wieder spannend,
bereichernd und eine Horizonterweiterung.

Am Weg nach Kazuni – Ein Transport lässt nicht
lange auf sich warten, ich steige in einen soge-
nannten Matola pick-up. Die Geländewagen mit
offener Ladefläche dienen den Menschen sowohl
als Sammel-Taxi, als auch als Transportmittel für
Waren jeglicher Art. Jetzt kann ich mich mit meiner
Kamera beschäftigen. Auf der Anzeige erscheint
das Wort "help". "Rien ne va plus" – Nichts geht
mehr. Die Kamera lässt sich in der Fototasche ver-
stauen, an ihrer Stelle kommt Besorgnis raus. Gar
nicht gut. Eine gefühlte Stunde verbringe ich weniger achtsam, dafür umso mehr grübelnd. Schade!
Weder kann ich jetzt die Schönheit der
vorbeiziehenden Landschaft beschreiben, noch bin

ich zu einer Lösung meines Kamera-Problems gekommen.

Wir erreichen die Kreuzung zum Camp, das holt mich in die Jetzt-Zeit, ich springe vom Pick-up, das Fahrzeug verschwindet in einer Staubwolke vor meinen Augen. Völlig allein stehe ich da im Busch Afrikas. "Om Namah Shivaya." Dieses Mantra hat mir eine Freundin als Schutzmantra mit auf den Weg gegeben. Wenn man sein Ziel (Camp) kennt, ist jetzt "Weitergehen" angesagt. Ich schlage erst mal die Richtung ein, in der sich das Camp befinden soll. Das Leben beschert uns oft Gegebenheiten, in denen man Entscheidungen alleine treffen muss. Und doch habe ich als Mensch die Möglichkeit, dieses "alleine" zu relativieren. Meine Helfer in dieser Situation sind Neugierde, Mut und Vertrauen. Der staubige Pfad ist flankiert von mannshohem Buschwerk auf beiden Seiten, es verwehrt mir jeglichen Weitblick. Nun gut, mit einem fokussierten Blick auf die bucklige Piste schreite ich voran. Nach einer Biegung stehe ich vor einem Schranken, der Weg gabelt sich in zwei Richtungen. Weder ein Wegweiser, noch eine Menschenseele weit und breit ist zu sehen. Wieder gilt es eine Entscheidung zu treffen! Tief durchatmen, Auswahlmöglichkeiten unter die Lupe nehmen, was sagt mein Bauchgefühl: "Wie? Was? Hallooo, ich hör nichts…"
Plötzlich erscheint ein "Engel" auf einem Fahrrad! Der Junge – für mich ist er in diesem Moment ein Engel – kennt das Camp und weist mir den Weg. Es ist nicht weit entfernt, sofern man weiß, in welche Richtung man gehen muss. Ich komme an einer

Siedlung mit ein paar Lehmhütten vorbei und nach einer weiteren Biegung stehe ich vor dem Camp.

"Kazuni Tented camp" – Das Camp besteht aus fünf Zelten. Diese stehen auf einem festen Betonfundament, drei davon sind benutzbar, die restlichen dem Verfall ausgeliefert.

"Peanut" – was für ein lustiger Name – der Leiter des Camps heißt mich willkommen. Endlich hat er die Gelegenheit das Beste seiner Zelte für einen Gast zurecht zu machen. Wie das? Ich bin die einzige Besucherin! Eifrig, mit einem freundlichen Lächeln führt er mich herum. Mir fällt sein humpelnder Gang auf und ich frage ihn, nach dem Grund. Er zeigt auf seinen verdächtig angeschwollenen Fußknöchel. Nach meiner Laiendiagnose zu urteilen, scheint dieser verstaucht zu sein. Arnikabalsam führe ich zum Glück in meinem Notfalls-Kit mit. Bereitwillig lässt Peanut sich von mir "verarzten". Vorsichtig trage ich den kühlenden Balsam auf die Schwellung auf, ein dankbares Lächeln huscht über sein Gesicht.

Als Nächstes bietet er mir an, für mich zu kochen. Klingt gut, aber die Sache hat einen Haken: die Zutaten für meine Mahlzeit sollte ich bereitstellen. Mit einem Selbstversorgercamp habe ich nicht gerechnet. Mein Proviant besteht aus ein paar Keksen und Zwieback, das muss bis zum nächsten Tag reichen.

"No problem", meint Peanut, seine Frau wird für mich Nsima zubereiten. Die Menschen hier sind arm, aber ihre Gastfreundschaft, auch völlig Fremden gegenüber ist ehrlich und warmherzig. Dankbar nehme ich sein Angebot an, etwas zu trinken muss ich mir trotzdem selbst organisieren. Mit einem Stöckchen zeichnet er mir die Wegbeschreibung nach Kazuni in den Sand. Das ist die nächstgelegene Siedlung, wo ich Getränke bekomme.

Im Zelt zerlege ich nochmal meine Kamera und wechsle die Batterien. Alle Versuche, sie wieder in Gang zu bringen, sind vergeblich. Will ich mich wirklich mit dem Ende meiner Bilddokumentation abfinden?

Etwas verzagt mache ich mich auf den Weg und folge einem schmalen, sandigen Pfad. In den Schlaglöchern der holprigen Piste steht noch das Wasser vom Regen. Buschland und Felder wechseln sich ab, vereinzelt stehen Lehmhütten am Wegesrand. Ich überquere zwei Brücken, die Menschen reinigen sich am Flussufer, die Frauen waschen Wäsche, die Kinder plantschen im seichten Wasser herum. Die Menschen, denen ich begegne, grüßen freundlich, Kinder winken mir zu, begutachten mich neugierig. Zwei Fahrzeuge fahren vorbei, eines bleibt stehen und ich werde gefragt, ob ich mitfahren will. Ich bedanke mich für die nette Einladung, aber gehe diesmal lieber zu Fuß. Die Wegstrecke von etwa drei Kilometern beschenkt mich mit einer Reihe malerischer Eindrücke.

Kazuni Village – ein Dorf mit ein paar wenigen Hütten. Im einzigen Einkaufsladen gibt es Cola und Sprite, ich kaufe ein paar Flaschen davon. Vor der Tür hängen Tabakblätter zum Trocknen. Ich setze mich vor dem Laden auf die Lehmstiege, ich trinke Cola. Eine alte Frau setzt sich zu mir und redet auf mich in Chichewa ein, ich verstehe kein Wort. Ein kleines Mädchen, vielleicht zwei Jahre alt, spaziert vorbei. Irgendwas mit ihrem Bein ist nicht in Ordnung, es humpelt wie eine alte Frau. Ihr Kleidchen ist zerrissen und schmutzig. Die unzähligen Fliegen, die sie begleiten und sich auf ihrem Gesicht niederlassen, scheinen sie nicht zu stören. Der Anblick zerreißt mir vor Mitgefühl fast das Herz. Da sitze ich vor einer Lehmhütte mitten im Buschland Afrikas mit Tausenden von Eindrücken, die ich in Worten nicht annähernd beschreiben kann und meine Kamera hat den Geist aufgegeben. Diese "nur Jetzt"-Erfahrung ist aber so intensiv, dass sie meine tiefe Traurigkeit über das "nicht festhalten können" in den Schatten stellt.

Eine junge Frau gesellt sich zu uns und übersetzt mir den Wortschwall der alten Frau. Aha! Die junge Frau betreibt mit ihrem Mann den Verkaufsladen. Ihnen gehören auch vier Hektar Land, auf dem sie Tabak anbauen. Für ein Bündel getrocknete Tabakblätter bekommen sie zwei bis dreitausend Kwacha, das ist viel Geld für malawische Verhältnisse. Warum ich keine Kamera mithabe, will sie wissen, sie hätte gerne ein Foto von sich gehabt. Nicht nur sie! Sie schreibt mir ihre Adresse auf, damit ich ihr eine Karte schicke. Ich verspreche ihr, die leeren Getränkeflaschen Peanut zu geben, er wird sie zurückbringen. Das Leergut ist kostbar, man bekommt bei der Rückgabe den Flascheneinsatz zurück.

Im Camp – Der Ausblick ist atemberaubend. Vor mir liegt Lake Kazuni, ein idyllischer See. Für zahlreiche Nilpferde ist das ihr zu Hause. Ich lerne Vincent kennen; neben Peanut die zweite gute Seele des Camps. Er schlägt mir für den nächsten Morgen einen Bushwalk vor. "Yesss", dieses Angebot nehme ich mit Freude an.

In einem atemberaubenden Tempo zeigt mir die Sonne ihre orange-rot-violette Farbpalette, bevor sie am Horizont verschwindet. Die Nacht, im eleganten Schwarz, nimmt wie selbstverständlich ihren Platz ein. Eine perfekte, kosmische Choreographie, die sich seit Jahrtausenden bewährt und den Zuschauer noch immer in Staunen versetzt.

Mein persönlicher Security-Guide für die Nacht heißt Stocker. Er ist mit einem imposanten Schnellfeuergewehr ausgestattet, ich brauche keine Angst zu haben, sagt er. Das Camp ist von einem elektrischen Zaun umgeben und hält große Tiere fern. Hoffentlich batteriebetrieben, denn Strom gibt es hier nicht. Stocker bringt mir eine Petroleumlampe. Peanut kommt mit meinem Abendmahl, eine Riesenportion Nsima. Ich esse nur wenig, den Rest gebe ich Stocker mit meiner Erdnussbutter und den Keksen.

Die Sterne glitzern wie Perlen am Himmelszelt, ich richte mir mein Nachtlager zurecht. In meinem löchrigen Zelt mit löchrigem Moskitonetz bin ich alles andere als allein diese Nacht. Ein Frosch springt durchs Zelt, Moskitos und andere Flügeltiere schwirren herum, vom See hört man die Flusspferde. Die anderen Geräusche kann ich nicht identifizieren, sie hören sich fremdartig an. Aaah, heute Nacht erlebe ich Afrika hautnah. Die schlurfenden Schritte um mein Zelt herum gehören Stocker. Sehr beruhigend!

Vor dem Einschlafen schicke ich einen Notruf an meine Engel. Mein Spezialauftrag für sie ist die Reparatur meiner Kamera. Ob das in ihr Repertoire fällt? Die Voraussetzung dafür ist wohl, dass ich fest an dieses Wunder glaube! "Träume groß und träume kühn!" Mit diesen Gedanken schlafe ich bald tief und fest ein.

11) Freitag, 11. April
   Kazuni – Im Herzen Afrikas

Aufwachen! Aufwachen! Gabriel, mein Guide holt mich in den frühen Morgenstunden zum Bushwalk ab. Er hat ein Gewehr umgehängt und leitet mich an, dicht hinter ihm zu bleiben. Folgsam stapfe ich hinter ihm durch sumpfiges Grasland um den See. Eine Herde eleganter, schlank gebauter Impalas ist schon in den Morgenstunden aktiv am Wasser beschäftigt. Die Flusspferde hingegen beginnen ihr Tagwerk gemächlich im Wasserbett. Die Elefanten halten sich zurzeit über der Grenze in Sambia auf, informiert mich mein Guide in einem entschuldigenden Ton. Nach einer Stunde erreichen wir einen Look Out-point.

Von oben hat man einen wunderbaren Ausblick über das weite Buschland um den See. Alles ist ruhig und friedlich. Alles, was man hört, sind die Stimmen der Natur. Den Blick schweifen lassen, innehalten, beobachten, abwarten, erneut beobachten. In diesem Moment erscheint die Erde für mich in perfekter Harmonie zu sein. Ich spüre eine tiefe Verbundenheit, die äußere Wildnis verschmilzt mit meiner Inneren, wird zu einem Teil von mir. Mein Bewusstsein dehnt sich aus in einen grenzenlosen Raum... eine Struktur jenseits der Grenzen lässt mich erahnen, dass in mir allein die Kraft liegt, weiter zu gehen...

Die Stimme meines Guides holt mich ins Hier und Jetzt zurück, Zeit zum Aufbruch. Diese Erfahrung und Eindrücke kann ich weder mit Worten, noch mit Bildern wiedergeben. Letzteres ist mir in diesem

Moment ohnehin verwehrt. Entweder muss ich mich mit dieser Tatsache abfinden, oder mich in Geduld üben.

Herzlicher Abschied von den Leuten im Camp. Peanut lasse ich meinen Arnikabalsam da, damit kann er seinen Fuß selbst weiterbehandeln.

Warten an der Straße nach Kazuni auf einen Transport. Ein Wartender steht schon da. Ein gutes Zeichen in Afrika, dass vielleicht in absehbarer Zeit ein Fahrzeug vorbeikommt. Unaufhaltsam schreitet die Sonne in ihrem Tageslauf voran, während ich am selben Fleck verharre. Eine Fata Morgana erscheint in ihrem khakifarbenen Staubmantel. Zu früh gefreut. Voll beladen, mit voller Geschwindigkeit braust die vermeintliche Fata Morgana als Fahrzeug an uns vorbei und verschwindet in einer Staubwolke. Eine Frau – diesmal aus Fleisch und Blut – kommt des Weges und bietet Erdnüsse zum Kauf an. Sie freut sich, dass sie etwas mehr Geld als verlangt für ihre Ware bekommt. Während die Sonne mehr und mehr an Kraft gewinnt, meldet sich bei mir mehr und mehr der Durst. Endlich! Ein Pickup bleibt stehen. Wir klettern auf die volle Ladefläche. Zwischen Männern, Frauen mit Babys und Hühnern mache ich es mir so bequem als möglich. Vorbei geht es an Tabak- und Maisfeldern, Lehmhütten in Richtung Rumphi.

Rumphi – Im Tiworge, meinem "Stammlokal" gibt es Tee, aber kein Brot. Auch wenn es manchmal nichts oder wenig gibt, das Gebot der Gastfreundschaft haben die Menschen verinnerlicht. Für eine Mzungu treibt man von irgendwo ein Weckerl auf.

Das tägliche Brot ist für die Menschen hier nicht selbstverständlich. Dankbar zu sein, wenn man es täglich bekommt hingegen schon. Das "Vater unser" unter diesem Gesichtspunkt betrachtet, bekommt nochmal eine andere Dimension.

Warten auf einen Bus nach Mzuzu – Die Sonne zeigt ihr heißes afrikanisches Gesicht, es ist Mittag. Ein Lokalbus taucht auf. Vom Kassier will ich wissen, ob es einen Expressbus nach Mzuzu gibt.
"Ja gibt es, aber erst spät." Ein afrikanisches "spät" kann auch ein "wer weiß, ob überhaupt..." bedeuten. Besser ein Lokalbus, als gar kein Bus. Ich steige ein und freu mich über eine leere Sitzreihe, die ich erspähe. Am Boden liegen drei Fische – also doch nicht frei. Neben einer Frau mit Baby finde ich einen freien Platz. Vis-à-vis vor mir sitzt ein kleiner Junge mit einem Huhn im Arm; er starrt mich mit großen Augen an. Die Beine des Huhns sind zusammengebunden, es rührt sich nicht. Fasziniert beobachte ich, wie liebevoll er das Huhn in seinen Armen hält, wie die Mutter ihr Baby neben mir. Immer wieder kehrt mein Blick zu ihm zurück. Mir ist, als würden seine Augen den Grund seiner Seele widerspiegeln. Ernst und Verantwortung liegt in diesem Blick, trotzdem scheint er sein Schicksal mit Würde und Demut zu tragen. Andere Kinder kommen in den Bus und bieten ihre Waren an. Ein Junge fuchtelt vor mir mit einem Spieß herum, darauf stecken zwei Donuts. Die Frau neben mir kauft sie ihm ab. Auch gekochte Eier, Limonaden, Cola und Erdnüsse werden angeboten. Bald verlassen die kleinen Händler den Bus und auf geht die Fahrt zu einer neuen Destination.

In meinem Rucksack finde ich eine Packung Hustenbonbons. Ich gebe der Frau neben mir einige davon und reiche die Packung dem Jungen mit dem Huhn weiter. Sein bis jetzt ernstes Gesicht erstrahlt im hellsten Glanz, was für eine Freude! Ich schließe die Augen, versuche zu meditieren, die Frau neben mir schüttelt mich am Arm.

"Nein, nein, alles in Ordnung, es geht mir gut", ich lächle. Ein Stopp: der Bus füllt sich immer mehr, noch eine Frau mit Baby quetscht sich in unsere Reihe. Zwei Sitzplätze für drei Erwachsene und zwei Babys. "No problem in Malawi."

Ankunft in Mzuzu und Warten auf einen Transport nach Nkhata Bay. Die Sonne macht ihren Mittagslauf. Ich kaufe ein paar Erdnüsse von Kindern, ein Bettler bedrängt mich, ich gebe ihm die Erdnüsse. Da kommt auch schon mein Bus nach Nkhata Bay. Geduldig warten die Menschen mit ihren Bündeln, Säcken und Kisten in einer Reihe, bis sie einsteigen können. Ich schließe mich an. Der Bus ist ziemlich voll, und ich frage zwei Mädchen, ob ich mich zu ihnen setzen kann. "Welcome", sagen sie und rücken bereitwillig zusammen. Auf der holprigen Straße lasse ich die Landschaft an mir vorüberziehen. Manche Schlaglöcher sind so tief, dass es mich vom Sitz hebt. Ein alter Mann neben mir unterhält mich in Chichewa. Ich tauche ganz in das Timbre seiner Stimme ein; zusammen mit seiner Gestik fabuliere ich in Gedanken eine Geschichte dazu. Das macht richtig Spaß. Lächeln und verständnisvoll nicken, die Worte verstehe ich nicht, aber das ist im Moment völlig egal. Ein Außenstehender würde meinen, wir führen eine angeregte

Unterhaltung. Der Bus bleibt einige Male stehen, Leute steigen aus und ein, mein Gesprächspartner verabschiedet sich. Schade, gerade jetzt wollte er mir erzählen, dass...! Kinder auf der Straße feilschen mit Bananen. Mein Einkauf wird mir durchs Fenster gereicht.

Die Landschaft hat einen subtropischen Charakter, sanfte Hügel in saftigen Grüntönen ziehen an mir vorbei, vereinzelt stehen Hütten und kleine Siedlungen am Straßenrand. Ein malerischer Hochgenuss!

Nkhata Bay – Die Sonne sendet ihre Strahlen in gebündelter Kraft herunter, es ist früher Nachmittag. Im Ort herrscht geschäftiges Treiben. So viele Mzungus habe ich seit meiner Ankunft in Malawi nicht gesehen. Rucksacktouristen, Männer mit langen Haaren und zerfransten Jeans. Am Markt werden Holzschnitzereien angeboten, die ersten Souvenirs, die ich sehe. Vor den Lokalen hängen Jugendliche herum. Kinder bedrängen mich und wollen mir ihre selbstgemalten Postkarten verkaufen. Nicht jetzt, zuerst brauche ich eine Unterkunft. Ich frage ein paar Leute, sie schicken mich im Kreis, der Rucksack wird immer schwerer, langsam roißt mir mein Geduldsfaden. Ein Tourist fragt mich, ob er mir helfen kann. Nein, das Heart Hotel wäre nicht besonders gut, das Njaya ist besser. Dabei erwähnt er nicht, dass ich mich und meinen Rucksack noch zwei Kilometer auf den Berg hinauf schleppen muss.

Erschöpft erreiche ich das Guesthouse. Ich habe Glück, ein Chalet ist noch frei. Das Chalet, eine Strohhütte auf Holzpfeilern ist in den Hang hineingebaut. Die Innenausstattung besteht aus einer Matte und einer elektrischen Lampe. Ich bin nicht allein, Malawis "Kleinst-Tierwelt" ist im Preis von Hundert Kwacha inbegriffen. Dafür suggeriert der Ausblick auf den See Mehrwert.

Im Speiseraum treffe ich die Engländer und Australier von Mzuzu wieder. Wenigstens etwas Erfreuliches denke ich. Oder doch nicht? Nach belanglosem Smalltalk habe ich von der Gesellschaft genug. Der bestellte Milkshake schmeckt köstlich und hebt meine Stimmung. Der Veggie-Burger mit Salat ist kein Highlight, aber magenfüllend. Laute, plärrende Musik füllt den Raum, man hängt herum, raucht und trinkt, die Engländer spielen Scrabble. Es ist ein eigenartiges Gefühl, mich unter all den Weißen so fehl am Platze zu fühlen. Ein krasser Gegensatz zu meinen bisherigen Erlebnissen mit der einheimischen Bevölkerung, wo ich Verbundenheit spürte und mich wohl fühlte. An der Rezeption bekomme ich malawische Gastfreundschaft zu spüren, man leiht mir eine Decke und ein Moskitonetz für die Nacht. Ein Security-Guide begleitet mich zu meinem Chalet und montiert mir das Moskitonetz. In seiner Plüschhaube mit Quaste, die einmal weiß war, sieht er unheimlich komisch aus. Ich gebe ihm fünf Kwacha Trinkgeld. Damit will er für seine Familie Gemüse kaufen, sagt er. Ich frage ihn, ob das ausreichend sei.

"Nicht ganz." Ich lege etwas drauf.

In der Nacht fegt ein Sturm um die Hütte und reißt mich aus dem Schlaf. Es beginnt zu regnen. Inständig hoffe ich, dass das Dach dicht ist und die Hütte dem Sturm Stand hält. Die Australier haben mir

erzählt, dass am Vortag ein Chalet zusammenge-
brochen ist und den Erdhang hinunterrutschte.

12) Samstag, 12. April
   Nkhata Bay – Nichts wie "weggg"

Der Sonnenaufgang verkündet einen neuen Tag. Schnell packe ich meine Sachen zusammen, schnell will ich frühstücken, schnell will ich weiterziehen. Die Küche und das Lokal sind einsam und verlassen. Anscheinend bin ich die einzige Mzungu, die früh aufsteht. Eine Frau fegt den Boden, ein paar Einheimische sind schon auf den Beinen, von Mzungus keine Spur. Zum Frühstück bekomme ich Tee und ein herzhaftes Omelette serviert.

Ein plötzlicher Regenschauer macht mir einen Strich durch die Rechnung. So komme ich nie den Berg hinunter, ich stelle mich auf "Wartemodus" ein – mittlerweile kann ich das schon ganz gut; mit dem bestellten Milkshake noch besser. Drei Kinder gesellen sich zu mir, sie wollen meinen Rucksack ins Dorf tragen. Ich biete ihnen ein T-Shirt dafür; das genügt ihnen nicht, sie wollen auch Geld. Während viele Regionen des Landes vom Individualtourismus noch unberührt sind, ist er hier zu einer wichtigen Einnahmequelle geworden. Ich kaufe den Kindern ein paar selbstgemalte Postkarten ab. Um ihren Zeichnungen mehr Postkarten-Charakter zu verleihen, zeige ich ihnen, wie sie auf der Rückseite die Linien für die Adresse ziehen können.

Der Regen lässt langsam nach. Von den Angestellten erfahre ich, dass der Security-Guide meinen Rucksack für ein T-Shirt ins Dorf bringen will. Ich willige ein und auf dem Weg erzählt er mir aus seinem Leben.

Er ist 52 Jahre alt, hat früher in Sambia gearbeitet und gut verdient. Der Sambische Kwacha hat in Malawi keinen Wert und wird von den Banken nicht gewechselt. Er zeigt mir einen 500 Kwacha Schein. Als Security-Guide verdient er 400 Kwacha im Monat, 100 bezahlt er für die Miete seines Hauses. Er hat drei Kinder, sein ältester Sohn ist gleich alt wie ich. Das Alter seiner Kinder hat er nicht im Gedächtnis, aber er weiß von jedem das Geburtsjahr, auch von seiner Frau. Zum Abschied gebe ich ihm zum T-Shirt einen Geldschein. Sein furchiges Gesicht erstrahlt in Dankbarkeit und Freude.

Am Dorfplatz erwartet mich ein buntes, lautes Kaleidoskop aus Einheimischen und Rucksacktouristen. Die Busverbindung nach Salima lässt nicht lange auf sich warten. Übliche Zwischenstopps unterbrechen die Fahrt. Kürbis, Gurken, Fisch, Fanta und Erdnüsse werden zum Verkauf angeboten.

Ankunft in Salima – Die Sonne nähert sich dem Horizont, die Schatten werden länger, die aufgeheizte Luft kühlt langsam ab.
Ein Kleinbus nach Senga Bay steht bereit, ich steige ein. Wann er losfährt, will ich wissen. Sobald zwanzig Leute im Bus sind, der momentane Stand liegt bei sechs Passagieren. Der Kleinbus vor uns fährt ebenfalls nach Senga Bay, er ist fast voll, also steige ich um. Es ist ein uraltes, klappriges Fahrzeug, die Tür klemmt, man kann sie nur von außen bedienen. Zusammen mit zehn dunklen Gestalten im Fahrzeug fahre ich einer dunklen Nacht entgegen. Das erste Mal, seit ich in Malawi bin, ist mir etwas mulmig zumute. Wir bleiben ein paar Mal

stehen, einer nach dem anderen steigt aus, vier Männer und ich bleiben übrig. Jetzt ist mir ziemlich mulmig zumute. Eine halbe Stunde in unserem Zeitsystem wird für mich zu einer gefühlten Ewigkeit. So kurz und doch so lange ist die Fahrt zum Livingstonia Beach Hotel. Erleichtert klettere ich aus dem Klapperbus und danke meinem Schutzengel. Im nächtlichen Schwarz eines unbegrenzten Raumes blitzt mir das Sternenlicht entgegen.

An der Rezeption fragt man mich, ob ich campen will. In meiner Rolle als verstaubter Vagabund wirke ich wohl sehr überzeugend. Aber nein! Ich will ein richtiges Zimmer und zücke meine Visa-Card. 130 Dollar kostet die Übernachtung mit Frühstück, Crewdiskont gibt es keinen. Auch egal. Das Zimmer ist Luxus pur. Ich genieße eine ausgiebige, heiße Dusche und lasse Schmutz und Staub von einer Woche an mir herunterrieseln. Das mitgebrachte Waschmittel in der Tube ist wie flüssiges Gold mit Frischeduft, das Schmutz und Staub auch aus meiner Wäsche entfernt.
Zeit zum Abendessen. Das viergängige Menü kostet so viel wie eineinhalb Monatslöhne des Security Mannes. Nach all der Schlichtheit und Armut, die mir bis jetzt in diesem Land begegnet sind, ist das ein Kulturschock für mich. Mit Magenkrämpfen gehe ich an diesem Abend schlafen.

13) Sonntag, 13. April
   Das Livingstonia Beach Hotel – Luxus pur

*"Ohne Emotionen
kann man Dunkelheit nicht in Licht,
und Apathie nicht in Bewegung verwandeln."*
C. G. Jung

Der Morgen beginnt mit einem üppigen Frühstücks-
buffet. Frische Früchte, Brot, Gebäck, Säfte, Tee,
Kaffee und vieles mehr steht für die Gäste bereit.
An der Rezeption erkundige ich mich nach Inlands-
flügen, Busverbindungen und Möglichkeiten, wo ich
Kamera und Sonnenbrille reparieren lassen könnte.
Letztere ist zwischenzeitlich auch kaputt gegangen.
Die Sonnenbrille kann man reparieren, geschickt
wird die verlorene Schraube durch ein Stück Draht
ersetzt. Bin ich glücklich! Der Hotelmanager, ein
Holländer macht einen sympathischen Eindruck. Er
leitet das Hotel seit elf Jahren. Ja, selbstverständlich bekomme ich Crew-Discount.

Das Livingstonia Beach Hotel, das älteste Hotel am
See, wurde in den 30er Jahren errichtet, sein Bau-
stil erinnert an die Kolonialzeit. Mit seiner gepfleg-
ten Außenanlage, luxuriösen Zimmern und einem
Privatstrand gehört es auch heute noch zu den Top
Hotels in Malawi. Der Sandstrand erstreckt sich
über zehn Kilometer und gehört zu den schönsten
des Landes. Ich genieße die Sonne bei einem aus-
gedehnten Spaziergang – im Schatten eines Son-
nenschirmes folgt der gemütliche Teil.
Zwei Frauen mit einem riesigen Stativ spazieren an
mir vorbei. Einem inneren Impuls folgend springe
ich auf und laufe den beiden hinterher. Ich erzähle
ihnen von dem Dilemma mit meiner Kamera. Nein,

da können sie mir nicht helfen, aber weiter drüben am Strand sind zwei Männer von einem dänischen Filmteam. Vielleicht habe ich da mehr Glück. Aufgeregt mache ich mich auf den Weg zu den beiden. So lerne ich Kim, den Instruktor des Filmteams und Hendrick, den Fotografen kennen. Sie begutachten meine Kamera. In professioneller Manier nimmt Hendrick die eingespannte Filmrolle heraus und rettet damit die Aufnahmen, die bereits oben sind. Irgendwas mit dem Objektiv ist nicht in Ordnung, meint er. Ich darf ihm die Kamera dalassen, er will sie später zerlegen. Mir ist alles recht und mit neuer Hoffnung verlasse ich meine neuen Freunde.

Um die Mittagsstunde lerne ich den Rest der Filmcrew kennen: vier Männer, eine Frau. Ihr Auftrag lautet, in sieben Wochen eine dreiteilige Serie zu drehen, in der es um das Schicksal eines kleinen Waisenjungen geht.
Ein beschaulicher Nachmittag am Pool tut meiner Seele und meinem Körper gut. Das Filmteam kommt vom Set zurück und gesellt sich zu mir. Hendrick hat das Objektiv zerlegt, eine lose Schraube gefunden und herausgenommen. Wir probieren die Kamera aus, noch funktioniert nichts. Hendrick nimmt alles wieder mit, er will weiter daran herumzubasteln.
Die Sonne verabschiedet sich majestätisch wie immer. Ihr ist es egal, ob ich sie von einem Stehplatz aus beobachte, oder von meinem Logenplatz an der Hotelbar. Hier lerne ich den Holländer William kennen. Er ist Privatlehrer für die Kinder vom Manager und seit einem Jahr in Malawi.

Hendrick bringt mir die Kamera vorbei, sie sollte wieder funktionieren. Mein Glück ist unbeschreiblich! Wie immer man diese Sache sehen möchte, mein Glaube und mein Respekt für Engel werden durch dieses Ereignis gewaltig vertieft.

Dinner-time in Gesellschaft von William. Er erzählt mir von seiner außergewöhnlichen Unterrichtsmethode. Ein Privatunterricht ist einerseits ein Privileg, hat aber auch einen Nachteil. All die unterschiedlichen Verhaltensmuster, die Kinder an den Tag legen, lernt man erst gar nicht kennen. Wie soll ein Kind lernen, angemessen auf eine Situation zu reagieren? Um das auszugleichen ist er Lehrer und Schauspieler gleichzeitig. William schlüpft in die Rollen anderer Schüler und mimt verschiedene Charaktere. Insgesamt acht verschiedene Rollen spielt er im Wechsel, je vier für jedes Kind. In der Interaktion schafft er soziale Situationen, in denen die Kinder ihre Verhaltensmuster erweitern können. Das Feuer der Leidenschaft braucht einen Focus und den hat William gefunden. Als guter Pädagoge weiß er, dass vor dem Nacheifern das Nachahmen kommt. Ein filmreifer Unterricht, leider in Holländisch, sonst hätte ich gerne Publikum "gespielt."
Bevor ich mich zur Nachtruhe begebe, schau ich beim Filmteam vorbei. Ob ich eventuell mit zum Set kommen darf?
"Eher nicht", meint Anette, ihr kleiner Hauptdarsteller hat Malaria und sie wissen nicht, ob sie am nächsten Tag drehen können. Aber sie wollen mir gerne die Aufnahmen, die sie schon gemacht haben zeigen. Mein Entschluss einen weiteren Tag zu bleiben, ist hiermit gefallen.

14) Montag, 14. April
   Senga Bay – Wenn Wunder wahr werden

Nach dem Frühstück gehe ich auf Erkundungstour nach Senga Bay. Zwei Jugendliche begleiten mich, sie machen Holzschnitzereien, ich gebe ein paar Schlüsselanhänger mit eingravierten Namen in Auftrag.

Der Marktplatz empfängt mich mit seinem pulsierenden Leben. Sonnenflecken tanzen dazwischen vergnügt herum. Vorsichtig mache ich ein Foto mit der Kamera – sie funktioniert! Freude pur! Jetzt kann ich wieder richtig loslegen. Motive bietet der Markt genügend. Ein Kind weint und ich frage den Vater nach dem Grund seiner Tränen. Er möchte gerne ein Biskuit haben, ich kaufe ein paar Kekse und drück sie dem Kleinen in die Hand.

Einer der Holzschnitzer-Burschen begleitet mich am Rückweg. Er will mir ein nahegelegenes Fischerdorf zeigen, ich willige ein. Ein schmaler Pfad über einen sanften Hügel führt uns zum Malawisee hinunter. Ein malerisches Dorf schmiegt sich in den Hang hinein. Der Chief des Dorfes will 50 Kwacha fürs Fotografieren von mir. Es erscheint mir etwas viel, meine Hochstimmung kann es dennoch nicht trüben. Ich freu mich über meine funktionierende Kamera und der Chief darf sich über den Geldschein freuen. Wir schlendern am Strand entlang. Von hier fahren die Fischer mit den Booten nach Mozambique, um ihre Fische zu verkaufen. Im Dorf zeigt mir mein Begleiter einen Brotbackofen. Wir bleiben eine Weile stehen und schauen den Leuten beim Brot backen über die Schulter.

Im Hotel treffe ich die Filmcrew, ihr Vormittag war nicht sehr produktiv. Gerne nehme ich ihr Angebot an, am Nachmittag mit ihnen nach Salima zu fahren. Die Straßen in Salima sind breit und großzügig angelegt. Der Ort gehört zu den Moslemdörfern und so halte ich mich mit dem Fotografieren zurück, bzw. beschränke mich auf Gebäudeaufnahmen.

Eine kleine Fabrik erweckt meine Neugier. Die Tür steht weit offen, drinnen sitzen Frauen am Boden und winken mir freundlich zu. "Welcome", ich soll eintreten. Es ist eine Getränke-Abfüllstelle. Giftgrüne und knallrote Limonaden in Plastikröhrchen werden an jeder Ecke angepriesen. Jetzt bin ich am Ort, wo dieses Zuckerwasser abgefüllt wird. Die Frauen laden mich ein, mitzuhelfen. Warum nicht, es ist eine gute Gelegenheit, um mit ihnen ins Gespräch zu kommen. Ich setze mich zu ihnen auf den Boden. Man instruiert mich, je zwölf rote, beziehungsweise grüne Röhrchen in eine Plastiktüte zu packen, dieser kommt in einen größeren Plastiksack, der verschnürt wird. Hauptabnehmer sind Kinder, sie kaufen die Säcke für 25 Kwacha ein und verkaufen die einzelnen Röhrchen für 30 Tambala. Der Monatslohn der Frauen liegt bei 500 Kwacha. Ihre Arbeitszeit, von Montag bis Freitag, 7:30 bis 17:00 mit einer Stunde Mittagspause kann man mit europäischen Verhältnissen vergleichen, den Arbeitslohn, den sie dafür bekommen, jedoch nicht. Was mir auffällt: Sie verrichten ihre Arbeit mit Begeisterung und Hingabe; eine angenehme, positive Arbeitsatmosphäre ist spürbar.
Bei angeregter Unterhaltung vergeht die Zeit schnell, die Schüssel vor uns am Boden ist leer, wir

haben alles abgepackt. Jetzt ist es Aufgabe der Männer, die Maschine in Gang zu bringen, um neue Röhrchen abzufüllen. Ich bedanke mich für den spannenden Einblick, die freundliche Aufnahme und verabschiede mich von den Frauen der Getränkeabfüllstelle.

Ein Fotostudio fällt in den Focus meiner Aufmerksamkeit. Ich betrete den winzigen Laden. Der Ladenbesitzer freut sich über mein Interesse und zeigt mir seine Ausstattung: eine alte Canon mit Stativ und eine Polaroidkamera – that's it! Ein paar Filmrollen der Marken Agfa, Kodak und Fuji hat er zum Verkauf anzubieten. Er erzählt mir von seinem Traum, einem größeren Objektiv. Das lässt sich in Malawi schwer auftreiben, wenn doch, sind die Preise unerschwinglich. Es wird wohl ein Traum für ihn bleiben. Seine Haupteinnahmequelle sind Passbilder, er zeigt mir ein paar seiner Aufnahmen. Die Personen auf den Fotos schauen grimmig in die Kamera, vielleicht könnte er seine Kunden vor der Aufnahme zu einem kleinen Lächeln animieren. Ein guter Tipp, meint er, dann verabschieden wir uns voneinander.

Am Busbahnhof halte ich Ausschau nach einem Pick-up nach Senga Bay. Ein Bursche, der im Hotel arbeitet, wartet ebenfalls auf einen Transport. Wir werden bald fündig und nehmen unsere Plätze ein, es vergeht eine Stunde, bis er voll ist und losfährt. Die Musik im Auto klingt rhythmisch und fröhlich. Das ist Malawian Reggie, der Sänger heißt Lucias Banda, klärt mich der Junge neben mir auf. Die Musik gefällt mir, ob man so eine Kassette für mich auftreiben könne... "No Problem." Der Junge spricht mit dem Fahrer, dieser bleibt beim nächsten Markt stehen. Alle müssen warten, keinen scheint es zu stören. Der Junge springt aus dem Wagen und ist genauso schnell wieder zurück, der Laden hat geschlossen. In Senga Bay versucht er es nochmal, diesmal hat er Glück. Zugegeben, ich bin doch sehr überrascht und freu mich, als er mir eine neu verpackte Kassette in die Hand drückt.

Von Senga Bay zum Hotel ist es nur ein kleiner Fußmarsch. Eine Begleitung lässt nicht lange auf sich warten. Ein junger Mann redet mir von der Liebe die Ohren voll und dass er eine Freundin sucht. Ob ich einen Malawian Lover möchte? "No thank you!" Jetzt rede ich über Liebe und Moral, Risiken und Aids, blablabla... Die Spaßbremsentechnik wirkt – er verabschiedet sich schnell. Ein Zwölfjähriger löst ihn ab. Sein Vater arbeitet im Hotel als Koch, erzählt er. Er hat fünf Geschwister, aber keine Mutter. Er zeigt mir zwei offene Wunden auf seinem Fuß und fragt, ob Ich Pflaster für ihn hätte. Ich verspreche ihm welche zu bringen.
Die bestellten Schlüsselanhänger warten darauf, abgeholt zu werden. Oje, mein Name ist falsch geschrieben, man will mir einen neuen Anhänger machen.
Im Hotel schwimme ich ein paar Runden im Pool, das Wasser ist angenehm erfrischend. Die Filmcrew kommt vom Set zurück, der Nachmittag ist gut gelaufen, sie wollen mir später die Aufnahmen zeigen.
Die Sonne steht tief. Noch schnell mein Versprechen einlösen und dem Jungen die Pflaster bringen,

ein paar NG-Sticker inclusive. Auch die Schlüsselanhänger bekomme ich, diesmal ist mein Name
richtig ins Holz geschnitzt.
Die Sonne winkt mir in ihrem leuchtenden Rotton,
dann ist ihre Farbpalette für diesen Tag verbraucht.
Hendrick und Anette winken mir von der Bar zu.
Beim gemeinsamen Abendessen erzählen sie mir
von ihrer spannenden Filmproduktion. Die Drehar-
beiten finden gänzlich in Malawi mit einheimischen
Laiendarstellern statt. Ein Umstand, der ihnen oft
erschwerte und unverhoffte Bedingungen beschert.

Zunehmender Halbmond vor schwarzer Kulisse –
Treffpunkt der Filmcrew in Hendricks Zimmer. In
einer gemütlichen Runde mit Bier werden die Aufnahmen der fertigen Szenen abgespult und mir im
Detail geschildert.
Der Film beruht auf einer wahren Begebenheit.
Mphatso, der achtjährige Hauptdarsteller und seine
jüngere Schwester verlieren auf tragische Weise
ihre Eltern. Plötzlich ist nichts mehr wie es war. Die
beiden Vollwaisen werden bei Verwandten aufgenommen. Während sich seine Schwester bald mit
der neuen Situation abfindet, kann Mphatso das
Trauma schwer verarbeiten. Er lacht nicht, er spielt
nicht mit anderen Kindern und unterbricht jeglichen
Kontakt mit der Außenwelt. Die Arbeit der
Filmcrew erfordert viel Einfühlungsvermögen und
Fingerspitzengefühl. Mphatso ist bezaubernd und
zieht einen sofort in den Bann, aber er hat den Ver-
lust seiner Eltern noch nicht überwunden. Sein
Schmerz im Film ist sein richtiger Schmerz im
Leben und es ist nicht immer einfach, ihm ein Lä-
cheln herauszulocken, wenn es eine Szene

erfordert. Die ergreifende Geschichte eines außergewöhnlichen Jungen, der es laut Drehbuch schafft, sich aus seinem seelischen Gefängnis zu befreien. Möge das Mphatso in seinem wirklichen Leben auch gelingen!

Mit Hendrick unterhalte ich mich noch lange an diesem Abend. Ich glaube an keine Zufälle im Leben und es steht für mich außer Frage, dass ihn Engel zu mir geschickt haben. Er freut sich über meine Auslegung. Der Abschied von meinen dänischen Freunden ist sehr herzlich.

15) Dienstag, 15. April
   Thyolo – Kleine Gesten, große Freude

"Jeder Grashalm hat seinen Engel,
der sich über ihn beugt
und ihm zuflüstert: "Wachse, wachse."
Talmud

"Aufstehen vor dem Aufwachen." – Mein Wecker rasselt, ich habe kaum geschlafen. Jemand klopft an meiner Tür. Das Zimmermädchen fragt, ob ich ein Frühstück will. Ja, ich will. Für ihr Bemühen und ihre Aufmerksamkeit bekommt sie eine Bluse von mir, sie freut sich sehr darüber.
Von Salima nach Blantyre mit dem Bus – Erste Sonnenstrahlen blinzeln mir zu, verschlafen blinzle ich zurück. Mehr als eine Stunde vergeht, bis ein Bus nach Blantyre auftaucht. Die Fahrt ist ohne besondere Vorkommnisse. Im Halbschlaf döse ich vor mich hin, die weite Landschaft Afrikas zieht ohne meine Aufmerksamkeit leise an mir vorbei.

Zwischenstopp in Blantyre – Die Sonne erstrahlt in ihrer vollen Kraft. Beim Coachline-Service erfahre ich, dass die Busverbindungen nach Bangula einge-stellt sind. Der Grund: schlechte Straßenkondition. Ich könne versuchen, mit einem privaten Matola-lift (Taxi-Service in Malawi) dorthin zu gelangen, Fahrt-zeit ein halber Tag oder mehr. Von dort müsse ich einen weiteren Transport zum Elephant Marsh, meinem eigentlichen Ziel, finden. Dazu fehlt mir im Moment die notwendige Energie, ich disponiere kurzfristig um. Mein neues Ziel heißt Thyolo und ist eineinhalb Stunden entfernt. Manchmal hilft ein kleines Ziel, um wieder Kraft und Selbstvertrauen aufzubauen. Der Bus steht bereit, meine Freude über den erspähten Sitzplatz in der letzten Reihe ist von kurzer Dauer. Die zusammengebrochene Sitzbank hat ihre besten Zeiten hinter sich, mein Rucksack muss als Sitzgelegenheit herhalten. Manche Schlaglöcher sind so tief, dass es mich jedes Mal zehn Zentimeter vom Sitz hebt. Neben mir sitzt ein Junge, er freut sich über eine Mandarine, die ich ihm gebe. Eine wunderschöne Landschaft mit sanften Hügeln und saftig, grünen Teeplantagen zieht an mir vorüber, im Hintergrund blaue Berge. Verzaubert von der vorüberziehenden Landschaft hebt sich meine angeschlagene Stimmung.

Thyolo – Der kleine Ort im Süden von Malawi ist als Hauptanbaugebiet für Tee bekannt.
Das Tione Resthouse ist leicht zu finden. Das Zimmer gleicht einer Gefängniszelle. Ein paar Holzplatten haben sich von der Decke gelöst und hängen herunter, das Waschbecken hängt schief, für die Klomuschel fehlen mir die passenden Worte. Es ist das einzige Resthouse im Dorf, also bleibe ich.
Auf meiner Erkundungstour durchs Dorf besorge ich mir Fanta und Erdnüsse. Für die Kinder vor dem Laden kaufe ich Kekse. Die kleinen Packungen bekommt man für wenig Geld, für die Kinder sind sie meist ein unerschwinglicher Luxus. Das Geben wird einem in diesem Land leicht gemacht. Die Menschen freuen sich über kleine Gesten, sind dankbar und geben einem das Gefühl, etwas zu bewirken. Ein alter Mann bietet mir eine riesige Avocado für einen Kwacha an. Ich gebe ihm zwei, er freut sich über diese unerwartete Gabe. Gegenüber vom Resthouse befindet sich eine Maismühle. Für ein paar Kwacha können die Dorfbewohner ihren Mais

mahlen. Damit ersparen sie sich das mühselige Stampfen im Holzbottich.

Für die Kinder bin ich wieder einmal DIE Dorfattraktion. Sie umringen mich und haben Spaß daran, sich für ein Foto in Pose zu werfen. Ein kleiner Junge hat einen Ball dabei, selbst gemacht aus Plastikmüll! Mit meiner Beteiligung am gemeinsamen Ballspiel ernte ich Beifall und Gejohle. Ich hole meine restlichen Sticker, um sie zu verteilen. Was folgt, ist ein großes Gedränge und Geschiebe. Ich muss meine Autorität walten lassen, damit mir die Größeren nicht alles aus der Hand reißen und die Kleinen leer ausgehen. Es werden immer mehr Kinder, letztendlich kann ich es nicht ändern, dass die Sticker nicht für alle reichen.

Abendmahl – In meinem nicht unbedingt einladenden Etablissement verspeise ich die halbe Avocado, die andere Hälfte bringe ich der Besitzerin meiner Unterkunft. Trotz Müdigkeit kann ich nicht schlafen. Zum Resthouse gehört eine Bar, laute Musik dröhnt bis Mitternacht in meine Ohren. Die Bettdecke riecht übel. Trippelnde Geräusche aus der Zwischendecke schrecken mich auf. Vielleicht Ratten von der Maismühle? Schutzsuchend ziehe ich mein Leintuch über den Kopf. Die Müdigkeit übermannt mich trotz allem und ich falle in einen unruhigen Schlaf.

16) Mittwoch, 16. April
Am Shire River – Wildlife, der Klassiker

*"Zwischen zwei Flügelschlägen verläuft
ohne weitere Erklärung die Reise"*
Eduardo Galeano

Die Sonne hat sich über dem Horizont erhoben und begrüßt mich mit ihrem strahlentragenden Licht. Wie viel freundlicher dieser Ort Dank ihrer Leuchtkraft wirkt! Frühstück im kleinen Innenhof der Herberge. Es gibt Tee, dazu esse ich mitgebrachten Zwieback aus Österreich. Rose, die Tochter des Hauses wäscht den Steinboden. Ich frage, ob sie mit mir frühstücken will, gerne nimmt sie Zwieback und Tee an. Dafür begleitet sie mich zum Busbahnhof. Abschied von Thyolo.

Ankunft in Blantyre – Am frühen Vormittag.
Eine Stunde später steige ich in einen Speedlink Bus nach Liwonde. Herrlich, ein richtiger Luxusbus. Fahrtzeit nach Liwonde: zweieinhalb Stunden.

Liwonde – Es muss wohl um die Mittagsstunde sein, der Sonne helles Rund ist über mir. Nach einer halben Stunde Fußmarsch auf einer sandigen Piste erreiche ich die Lodge am Shire River. Mich reizt der Gedanke, eine Lodge im Inneren des Nationalparks aufzusuchen. Für den dreistündigen Bootstransfer zu meinem Ziel der Begierde will man 78 US Dollar haben. Nach kurzem Abwägen begnüge ich mich mit der ersten Lodge und gönne mir dafür einen zweistündigen Bootstrip am Shire River. Nach all den Menschen auf Märkten, in Dörfern und überfüllten Bussen genieße ich die friedvolle Stille dieses Ortes.

Am Shire River – Mein Bootsmann heißt Austin. Zahlreiche Flusspferde, wenige Meter vom Boot entfernt, starren uns teilnahmslos an, oder verfolgen sie uns mit ihren Blicken? Wer weiß. Ein Krokodil unter Wasser entgleitet zu schnell meiner Kameralinse, bevor ich abdrücken kann. Austin erklärt mir die verschiedenen Vogelarten, die wir am Ufer sehen. Über 400 soll es hier geben! Wir begegnen Einheimischen in ihren Einbaum-Booten, genannt Mokotos, sie sind auf Fischfang. Stolz erzählt er mir, dass der Malawi-See-Nationalpark der erste Süßwasser-Nationalpark der Welt war. Die beeindruckende Naturlandschaft bietet einer reichen Flora und Fauna unterschiedlichste Lebensräume.

Noch einmal steigert die Sonne ihre Farben zu einer feierlichen Pracht, bevor sie sich mit einem sprühenden Leuchten der Dunkelheit verschenkt! So erlebe ich einen traumhaften afrikanischen Sonnenuntergang über dem Shire River mit seinen Flusspferden, nur wenige Meter von mir entfernt. Ich liebe Sonnenuntergänge! Als Flugbegleiterin habe ich oft das Privileg, dieses Naturschauspiel vom Cockpit aus zu beobachten. Es ist jedes Mal aufs Neue atemberaubend, nie langweilig und nie, nie kann ich mich daran satt sehen.
Im Speiseraum sitzen zwei Franzosen. Uns wird ein nicht besonders aufregendes Abendessen serviert. Ich ziehe mich zurück. Nach dem Verstummen des Tages spüre ich eine atmosphärisch, abstrakte Wirkung der Farben in mir nachklingen. Dankbar und in Ehrfurcht vor der Schöpfung falle ich in einen tiefen Schlaf.

17) Donnerstag, 17. April
   Cape Maclear – Malerische Eindrücke

"Nichts geschieht,
ohne dass ein Traum vorausgeht."
Carl Sandburg

Sonnenaufgang am Shire River – Ich liebe auch Sonnenaufgänge! Um das zu erleben, stehe ich gerne zeitig auf. Die Linie des Horizontes gewinnt an Klarheit und Kraft, erwartet und doch überraschend erhebt sich die Sonne mit rasanter Gleichmäßigkeit über dem Shire River. Die Welt erwacht. Ein Foto von den Flusspferden im Sonnenaufgang nehme ich als Erinnerung mit.

Wie das Abendessen, ist auch das Frühstück nicht besonders gut, dafür teuer.

Check-out an der Rezeption – die Franzosen stehen ebenfalls abreisebereit im Eingangsbereich. Ob sie zufällig nach Mangochi fahren und mich mitnehmen könnten?

"Bien sûr." Das ist auch ihre Richtung. Mireille und Danielle sind ein Lehrerehepaar und unterrichten seit drei Jahren in Tansania, sie sind auf Urlaub in Malawi. Was ich in Mangochi will, möchten sie wissen. Eigentlich muss ich nur Gold wechseln, dann möchte ich weiter nach Cape Maclear. Ja, das ist auch ihr Ziel und es macht ihnen nichts aus, in Mangochi auf mich zu warten, bis ich meine Bankgeschäfte erledigt habe.

Cape Maclear – Der Sonne heißer Atem brennt uns im Nacken. Wir haben Glück, im Stevens gibt es zwei freie Zimmer. Ein Junge mit einer zerschlissenen Hose bringt mir den Rucksack ins Zimmer. Eine Hose kann ich ihm leider nicht bieten, aber ein

T-Shirt habe ich noch zum Verschenken übrig. Er kann sein Glück kaum fassen und bedankt sich tausendmal bei mir.

Cape Maclear – ein friedlicher, idyllischer Ort am Malawi See mit einer malerischen Bucht. Ich schlendere am Strand entlang. Ein Junge spricht mich freundlich an, er möchte für mich einen Fisch fangen und am Abend am Strand grillen. Ein Angebot, das er allen Mzungus macht, die hier des Weges kommen. Für diesen Abend hat er schon einige dafür begeistern können. Das Angebot klingt verlockend, ich bin dabei.

Im Stevens lerne ich drei Weltenbummler kennen. Michel, den Amerikaner, Mark, den Australier und Andy, den Briten. Auf der Terrasse verbringen wir einen gemütlichen und unterhaltsamen Nachmittag miteinander. Mark und Andy haben für den nächsten Tag das gleiche Ziel wie ich: mit der Fähre von Monkey Bay auslaufen.
Kurz bevor das Licht der Dunkelheit weicht, klopft es an meiner Zimmertür. Es ist der Bursche, dem ich das T-Shirt geschenkt habe. Er bringt mir eine Kerze, damit ich in meinem Zimmer Licht habe, Elektrizität gibt es hier keine. "Alles kommt im Leben zurück, manchmal ganz schnell."

Dinner am Strand – Die Sonne hat ihr Tagwerk beendet und Platz für "sister moon" gemacht.
Der junge Koch holt mich wie versprochen ab. Gemeinsam mit einigen anderen von Holland, Zimbabwe und von wo auch immer sitzen wir um ein Lagerfeuer. Einheimische Jugendliche servieren uns

köstlich zubereiteten Fisch mit Reis und Gemüse. Das Knistern des Lagerfeuers, das Rauschen des Malawi Sees begleiten die Jugendlichen mit rhythmischen Schlägen auf ihren Trommeln. Die Stimmung und der Abend sind perfekt und es hätte nicht schöner sein können. Klingt kitschig, tut aber Mensch und Seele gut!

Im Stevens treffe ich Michelle und Danielle. Schön, jetzt kann ich mich mit einer Getränke-Einladung für die Mitfahrgelegenheit bedanken. Es wird ein langer, unterhaltsamer Abend. Der Erfahrungsaustausch über das Reisen in Afrika verbindet Menschenseelen miteinander und lässt Fremde zu Freunden werden.

18) Freitag, 18. April
   Monkey Bay – Kreisen, cruising, boarding

*"Wahres Leben wird gelebt,
wenn kleine Änderungen eintreten."*
Leo Tolstoi

Abfahrt vom Stevens Hotel – langsam kommt die Sonne über dem Dach des Hotels hervor.

Mr. Stevens, der Herr des Hauses hat für uns einen Transport organisiert, damit wir rechtzeitig die Fähre in Monkey Bay erreichen. Wir klettern auf die Ladefläche, die sich immer mehr mit Menschen füllt. Auf der Fahrt bleiben wir einige Male stehen, um weitere Menschen und Maissäcke aufzuladen. Eingepfercht sitze ich zwischen Andy und Marcel, einem Schweizer. Ein Sack Mais ist aufgegangen und füllt meine Schuhe. Es ist mir schier unmöglich, mich auch nur einen Zentimeter zu bewegen. Nach einer halben Stunde Fahrt durchs Dorf – was für ein Alptraum – stehen wir wieder vor dem Stevens Hotel – noch mehr Leute mit Maissäcken zwängen sich auf die Ladefläche, als wäre noch jede Menge Platz.

Während der unbequemsten Sitzhaltung, die ich je hatte, erzählt mir Marcel von seinen Erfahrungen als Koch auf einem Schiff. Er hat in Südafrika ein Jahr als Schiffskoch gearbeitet und trampt nun quer durch Afrika nach Hause. Eine geschätzte Stunde später erreichen wir Monkey Bay. Meine Beine hat es dermaßen eingequetscht, dass ich im ersten Moment nicht aufstehen kann. Es dauert eine Weile, bis das Blut wieder zirkuliert und mich meine Füße wieder tragen.

Monkey Bay – Das belebte, quirlige Fischerdorf am Malawi-See liegt zwischen einer Gruppe von Hügeln eingebettet. Der Ort ist auch der Heimathafen der historischen „Ilala II", das Fährschiff, das seit 1940 in Betrieb ist. Die Jahreszahlangaben variieren immer etwas, so genau weiß es dann wohl niemand wirklich. Menschen tummeln sich hier, wohin man auch schaut. Sie sammeln sich an der Anlegestelle, beladen mit Körben, Paketen und zum Bersten gefüllten Taschen. Sechs Kabinen gibt es an Board, diese sind schon vergeben. Ich kaufe mir ein First Class "Freiluft" Ticket, mit afrikanischem Sternenhimmel inklusive. Mit von der Partie sind ein australisches Pärchen und der Brite. Die anderen kaufen sich Tickets in der 2. Klasse. Wir dürfen gleich an Bord und machen es uns am Oberdeck bequem. Von hier oben lässt sich das Beladen der Fracht und Boarding der Passagiere bestens beobachten.

11:45! Ja, es ist exakt 11:45! – Endlich ist es soweit! Die legendäre Ilala setzt sich langsam in Bewegung, es geht hinaus auf den offenen Malawisee mit Kurs auf Nkhotakota. Geplante Ankunftszeit meines Zielhafens ist der nächste Morgen. Am First Class Deck kann man es sich gut gehen lassen. Hier haben nur Passagiere Zutritt, die für eine Passage auf den oberen Decks bezahlt haben. Es gibt Sonnenliegen und eine Bar. Zu Mittag bekommen wir Tomatensandwiches serviert. An die Reling gelehnt spüre ich den warmen Fahrtwind, während die Landschaft wie ein großartiger Naturfilm an mir vorüberzieht. Leuchtend grüne Hügel, sandige Buchten, dazwischen kleine Dörfer mit den typischen Strohdachhütten. Einmal liegen wir ziemlich

lange vor Anker. Das Be- und Entladen dauert mehrere Stunden. Mit einem kleinen Beiboot werden Fracht und Passagiere ein- und ausgeladen. Am Strand, im Licht der Scheinwerfer, warten Menschen dicht gedrängt. Neben ihnen stehen Körbe, Kisten, Koffer, Bündel und Säcke. Das Boot fährt einige Male zwischen dem Festland und der Ilala hin und her, bis jeder wieder da ist, wo er sein will.
Ich besuche die anderen in der 2. Klasse am unteren Deck. Es ist wie eine andere Welt. Auf Holzbänken sitzen die Menschen mit ihrem Hab und Gut zusammengepfercht nebeneinander. Bin ich froh, dass ich mir die First Class gegönnt habe!

Der oscarreife Sonnenuntergang erinnert mich an den opulenten Hollywood-Film "Jenseits von Afrika". Im einzigen Badezimmer der First Class Passagiere genehmige ich mir eine Dusche. Kakerlaken und Konsorten krabbeln herum. Im Gesamtkontext gesehen bekommt dieses Badezimmer jedoch das Prädikat "Wertvoll". Hier wäre auch eine neue Definition von "Luxus" angebracht, aber das lasse ich mal lieber.
Zum Abendessen bestellen wir Sandwiches mit Tomaten, Käse und Avocado. Es vergeht eine gefühlte Ewigkeit. Mein Magen knurrt. Nahrungsbedingter Hunger. "Ich sterbe vor Hunger." Diese Aussage, bei uns oft leichtfertig und hirnlos daher geplappert, erscheint mir in Afrika als Blasphemie. Endlich! Um 21:30, geschlagene zweieinhalb Stunden später bekommen wir unsere Sandwiches. Es ist nur eine Tomatenscheibe drin, dafür ist das Brot frisch gebacken.

Gesättigt und müde begibt sich jeder von uns auf die Suche nach einem Schlaflager an Deck. Ich versuche es mir auf einer Holzbank bequem zu machen. Die Bank ist hart, mit einem ausgeborgten Polster vom Speiseraum lässt sich der Härtegrad etwas abdämpfen. Trotzdem kann ich nicht einschlafen. Wir liegen irgendwo zwischen Monkey Bay und Nkhotakota vor Anker, das kleine Boot schippert zwischen Fähre und Landesteg hin und her, um Passagiere und Fracht ein- und auszuladen. Ein kalter Nachtwind bläst ums Deck und veranlasst mich, sämtliche Kleidungsstücke anzuziehen, die ich in meinem Rucksack finde. Verladegeräusche, Stimmen und das Tuckern der Motoren lullen mich schließlich in den Schlaf.

19) Samstag, 19. April
Ilala II – Die Fähre am Malawi-See

*"Ich habe einfach die Energie genommen,
die man zum Schmollen braucht, und einige
Bluesstücke geschrieben."*
Duke Ellington

05:00 – Der silberne Streifen am Horizont wird sanft gestreichelt von einem umwebenden Morgenrot. Eine unaufhörliche Neuschöpfung der Natur mit wandelnden Formen und Farben nährt meine Seele und belohnt mein frühes Aufwachen.

07:00 – Frühstück auf der Ilala. Andy leistet mir Gesellschaft.

08:30 – Wir legen in Nkhotakota an. Das kleine Boot bringt uns zum Landesteg, mit Marcel gehe ich einen Kilometer ins Dorf zur Bushaltestelle. Ein Lokalbus ist abfahrbereit. An der Tankstelle erfahre ich, dass es in zwei Stunden einen Speedlink nach Salima gibt. Von dort würde ich leicht einen Minibus nach Lilongwe finden.

10:30 – Speedlink kommt pünktlich. Was für eine Überraschung! Rudi und Rainer, die beiden Münchner, die ich zu Reginn meiner Reise kennengelernt habe, sitzen im Bus. Die Zeit vergeht unerwartet schnell, denn wir haben uns viel zu erzählen. In Salima steige ich in einen Minibus nach Lilongwe um.

14:00 – Ankunft in LLW.
Am Marktplatz von LLW endet meine Busreise, ich steige aus. Nun gilt es, ein Taxi aufzutreiben. Das ist eine Herausforderung, da es weder einen Taxistand gibt, noch "Taxi-ähnliche Fahrzeuge" weit

und breit zu sehen sind. Mir bleibt nichts anderes übrig, als jemanden anzusprechen. Eine Frau bietet mir schließlich ihre Hilfe an. Sie spricht mit einem Mann, der an seinem Fahrzeug lehnt. Für 200 Kwacha ist er bereit, mich zum Flughafen zu bringen. Die Frau fährt ein Stück mit, sie ist Krankenschwester, erzählt sie mir. Für Ihre Hilfe bedanke ich mich mit meinem vorletzten T-Shirt bei ihr. Vom Mann erfahre ich, dass er sein Auto in Südafrika erworben hat und es hier wieder verkaufen möchte.

14:30 – Ankunft am LLW – A/P.
Das Timing ist perfekt, alles hat wie am Schnürchen funktioniert. Ich schicke meinen Engeln ein schnelles Dankgebet.
Mein Äußeres ist ein Spiegelbild meiner abenteuerlichen Reise. Auf meiner Prioritätenliste ganz oben stehen Körperpflege, Haare waschen und saubere Kleidung. Ich frage einen Customs Officer, ob es am Airport eine Möglichkeit zum Duschen gibt. Nein, es gibt keine öffentlichen Waschanlagen, aber er will mir trotzdem behilflich sein. Er schickt mir eine Flughafenangestellte, die mich zu einem Personalwaschraum im Keller führt. Ich soll meine Sachen mit in die Dusche nehmen, da man den Raum nicht absperren kann. Eine junge Frau, die als Reinigungskraft am Airport arbeitet, kommt gerade gelegen. Ich bitte sie, auf meine Sachen aufzupassen, während ich mich wasche. Heißes Wasser – wie herrlich! Nach einer ausgiebigen Dusche und frisch gewaschenen Haaren fühle ich mich wie neu geboren. Der jungen Frau überlasse ich meine gesamte Kleidung, die noch übrig ist. Sie kann ihr Glück kaum fassen, kniet sich vor mir nieder, dankt

mir unzählige Male und segnet mich. Ihre unbe-
schreibliche Freude berührt mich zutiefst, aber vor
mir zu knien, ist mir doch zu viel. Ich zieh sie hoch
und umarme sie. Ihre Freude wird zu meiner. In
diesem Moment weiß ich noch nicht, dass mir diese Freude und Dankbarkeit, die diese junge Frau
durch mich erfahren hat, in Kürze tausendfach zu-
rückgegeben wird.

British Airways, Check-in Schalter – Es schaut
nicht gut für mich aus. Der Flug ist in allen Klassen
überbucht, teilt mir eine britische Angestellte vom
Ground-Staff kurz und knapp mit. Zwei Stunden
vergehen mit Bangen, bevor ich wieder zum Schalter gehe. Die Cockpit-Crew trifft ein, ich spreche
den Kapitän an, in der Hoffnung, dass er für eine
reisende Flugbegleiterin einen Jump-Seat übrig hat.
Leider kann er mir keinen Jump-Seat anbieten, da
die Crew in Lusaka gewechselt wird. Aber er will
mit dem Ground-Staff reden, um eine Lösung zu
finden. Mein neuer Hoffnungsschimmer währt nicht
lange. Die BA-Lady reagiert ziemlich erbost, dass
ich mir die Dreistheit erlaubt habe, mit dem Herrn
Kapitän selbst zu sprechen. "Oh mon Dieu." Ab
diesem Zeitpunkt habe ich das Gefühl, "Und jetzt
erst recht nicht!"
Sie lässt mich bis zur Closingtime warten und verschwindet. Längst haben alle Passagiere für den
Flug eingecheckt. Einzig allein ich stehe einsam und
verlassen in der kleinen Halle herum. Beim Air Malawi Check-in erbarmt sich eine freundliche Angestellte und fragt über ihr Walkie-Talkie bei British
Airways nach. Die knappe, eisige Antwort, die
durch das Gerät kommt kann ich deutlich hören:

"Tell her, she's not going."

Auf diese nüchterne Aussage hin, setze ich mich erst mal nieder. Tief durchatmen – den Tatsachen ins Auge blicken und Fakten zusammenfassen: das war für heute der letzte Flug Richtung Europa, ich habe keine Kleidung zum Wechseln, ich habe kaum Bargeld in der Landeswährung übrig, es gibt keine Geldwechselstelle am A/P. Wie könnte mein Plan B aussehen? Was kann ich jetzt tun, welche Möglichkeiten habe ich? Ich beschließe, die Nacht am Flughafen zu verbringen. Am nächsten Morgen nehme ich den erstmöglichen Flug Richtung Norden. Für meine restlichen Kwacha bekomme ich zwei Packungen Kekse. Einen Joker habe ich noch in der Tasche. Mit meinen Lauda-Air Briefen – Empfehlungen als Standby akzeptiert zu werden versuche ich mein Glück im Kenia Airway office. Diese müssen erst ins Head-office gefaxt werden. Heute ist Samstagabend und vor Montag sind die Entscheidungsbefugten nicht erreichbar. Der nächstmögliche Flug ist morgen um 11:30 nach Nairobi, dafür muss ich den Vollpreis bezahlen. Von dort könne ich versuchen, mit Lufthansa oder British Airways weiter zu kommen.

Zurück in der kleinen Flughafenhalle gesellen sich einige Angestellte vom Security Staff zu mir. Man gibt mir zu verstehen, dass der Flughafen nach dem letzten Flug gesperrt wird und es nicht möglich ist, hier die Nacht zu verbringen. Auch das noch!

Das ganze Flughafenpersonal weiß inzwischen Bescheid, dass hier eine Mzungu gestrandet ist, die weder Kleidung, noch Bargeld übrig hat. Ein Security Officer bietet mir an, mit ihm nach Hause zu gehen – ich lehne dankend ab. Mittlerweile überlegen schon alle, was sie mit mir machen sollen, bzw. wie sie mich loswerden können.

Eine Überlegung ist, mich mit auf die Polizeiwache zu nehmen. Allerdings gibt es dort viele Moskitos, meint der freundliche Officer, der mir angeboten hat, mit ihm nach Hause zu gehen. Mir ist mittlerweile fast alles recht, solange ich am Airport bleiben kann. Ein paar Moskitos sind mir in dem Moment ziemlich egal. Vorher soll ich nochmals das Kenia Airways office aufsuchen, für die KLM das Handling macht. Die zwei Angestellten sind sehr freundlich und bemüht, aber helfen können sie mir im Moment auch nicht. Zurück in der Halle gesellt sich wieder die Security-Mannschaft zu mir. Wir unterhalten uns, alle sind äußerst freundlich zu mir, einer bringt mir eine Zeitung zum Lesen.

Die junge Frau vom Kenia Airways office kommt herunter und bietet mir an, bei ihr zu Hause zu übernachten. In diesem Moment kann ich meine Tränen nicht zurückhalten. Die Gastfreundschaft, Herzlichkeit und Nächstenliebe der Menschen hier scheint grenzenlos zu sein. Ich spüre, dass mir hier etwas ganz Besonderes zu Teil wird und ich eine Erfahrung machen darf, die den tiefsten Grund meiner Seele und meines Herzens erreichen. Ich habe in diesem Moment das Gefühl, als würde mir die gesamte Liebe des Universums zuteil.

Steckbrief meines Engels: Irene, weiblich, sanftmütiges Wesen, liebevolles Gesicht, fünfundzwanzig Jahre jung, seit fünf Jahren verheiratet, eine zweijährige Tochter. Die Stunde bis zu ihrem Dienstschluss vergeht schnell. Einer ihrer Neffen holt uns mit seinem Auto ab und bringt uns zu ihr nach

Hause. Ich erzähle Irene, dass mir der Security Officer angeboten hat, mit ihm nach Hause zu fahren. Ja, das ist ihr bekannt. Er hat es verstanden, dass ich sein Angebot abgelehnt habe. Aus dem Grund hat er sich überlegt, dass eine Einladung von einer Frau seriöser sein würde. So kam Irene ins Spiel. Ich bin sprachlos, ein Wunder nach dem anderen scheint an diesem Abend zu folgen. Woher soll ich wissen, dass er eine Familie zu Hause hat und ich dort genauso herzlich aufgenommen worden wäre. Offen zu sein, heißt nicht blindlings zu vertrauen, genauso wichtig ist es, den Hausverstand einzusetzen. In dem Fall war letzteres ausschlaggebend für meine Entscheidung.

Irenes Mann ist Arzt im Government Hospital von Lilongwe. Seit zwei Jahren pendelt er zwischen LLW und JNB hin und her. Im Krankenhaus von Johannesburg behandelt er einen Verwandten nach einem Unfall. Im hiesigen Hospital fehlt ihm das notwendige Equipment dazu.

Das große Haus mit seiner einfachen, bescheidenen Einrichtung wirkt freundlich und einladend. Ich lerne die zweijährige Mtendere und ihre beiden Nichten kennen: Lonjezo, 16 Jahre und Gertrud, 21 Jahre. Mtendere ist so hübsch wie ihre Mutter und die zwei Mädchen haben eine sehr liebenswerte Art. Ich bin meinem Schicksal von Herzen dankbar, dies alles hier erfahren zu dürfen. Welche Ironie des Schicksals, dass ausgerechnet die britische Check-in-Lady dazu beigetragen hat! Gertrud und Lonjezo bereiten ein Nachtmahl für uns zu. Während wir an unseren Maiskolben knabbern, der mir köstlicher, als alles andere erscheint, darf ich mehr von ihrem Leben in diesem Land erfahren.

Als Arzt verdient ihr Mann 2000 Kwacha im Monat. Ihr Wohnhaus wird vom Government zur Verfügung gestellt, aber Strom ist sehr teuer, 500 Kwacha monatlich und Telefon ebenfalls. Irene hat großes Glück für KLM arbeiten zu können, Teilzeit verdient sie sogar etwas mehr als ihr Mann. Beide haben eine große Familie, Irene hat fünf, ihr Mann neun Geschwister. Alle werden von ihnen so gut wie möglich finanziell unterstützt. Und auch medizinisch bestens versorgt, wie bereits erwähnt.

Zum Haus gehört ein großes Grundstück mit Garten. Eine kleine Unterkunft, die am Grundstück steht, bewohnt ein älteres Ehepaar. Die Frau arbeitet als Köchin für die Familie, ihr Mann macht die Gartenarbeit.

Nach dem Maiskolben tischen die beiden Mädchen Reis und Gemüse auf. Dazu wird landesüblich eine Schüssel mit Wasser gereicht, um die Hände zu waschen. Beim Hinstellen der Schüssel knien die beiden vor mir nieder. Nicht schon wieder! Eine Demutsgeste, die Ergebenheit ausdrücken soll. Doch nicht mir gegenüber! Eher habe ich das Bedürfnis mich vor diesen Menschen zu verneigen, denn ihre Größe erscheint mir von einer anderen Dimension.

Der Fernseher im Wohnraum hat nur die Funktion eines Videorecorders. Malawi hat keinen eigenen Fernsehsender. Gertrud legt den "Prinz von Zamunda" ein. Im Wechsel zwischen "movie-time" und wahren Geschichten verbringe ich einen unvergesslichen Abend im Kreise meiner liebenswürdigen Gastgeberinnen.

Mtendere ist bezaubernd. Mit einem gefundenen Tuch staubt sie den Tisch ab. Die Mutter erzählt, dass sie auch gerne den Besen nimmt und auskehrt. Vor fünf Monaten hat sie begonnen, mit der Kleinen vor dem Einschlafen zu beten. Manchmal kommt es vor, dass Irene darauf vergisst, wenn sie spät und müde von der Arbeit nach Hause kommt. Dann wird sie von Mtendere an ihr gemeinsames Ritual erinnert, die Kleine vergisst nie darauf. Stolz zeigt mir Mtendere Familienfotos. Sie erklärt mir die Familienmitglieder in Chichewa und lacht dabei aus vollem Herzen. Die kleine Maus ist richtig zum Knuddeln. Zum Glück habe ich noch zwei Lauda-air-Delphine, die ich ihr geben kann. Ganz fest hält sie den aufgeblasenen Delphin im Arm und Irene übersetzt mir, dass das jetzt ihr Baby ist. Mtendere will wissen, warum das Baby keine Schuhe hat...
Die Schlafenszeit kommt viel zu früh. Die Erlebnisse der letzten Stunden haben unberührte Punkte meiner Seele erreicht. Erfüllt von tiefer Dankbarkeit und Liebe liege ich in dieser Nacht noch lange wach, bis mich irgendwann der Schlaf einholt.

20) Sonntag, 20. April – Freud' & Leid als SBY
   "Khalani Bwino Malawi"

Chormusik tönt aus dem Radio. Das Programm wird von einer Missionarsstation ausgestrahlt. Nur die unmittelbare Umgebung kann den Sender empfangen. Zum Frühstück gibt es frisches Brot und Margarine. Mtendere wiegt ihre Puppe im Arm. Liebevoll gibt sie der Puppe, die nur aus Kopf und Rumpf besteht, von ihrem Tee zu trinken. Dabei verschüttet sie versehentlich eine kleine Menge am Tisch. Die Mutter sagt kein Wort, niemand schimpft, aber Mtendere schaut so bestürzt drein, als hätte sie gerade etwas Schlimmes angestellt. Ihre Augen suchen nach einem Tuch, mit dem sie das Verschüttete aufwischen kann. Die Decke vom Sofa erscheint ihr dafür geeignet. Aber da kommt ihr Irene zu Hilfe, sie geht mit der Kleinen in die Küche, um einen Lappen zu holen.

Nach dem Frühstück – wir sind spät dran und müssen uns beeilen. Ein inniger Abschied von Gertrud mit der kleinen Mtendere am Arm und Lonjezo. Mir ist schwer zumute, so gerne würde ich noch eine Weile mit diesen liebenswürdigen Menschen hier verbringen. Mtendere weint. Das tut sie sonst nie, meint Irene, sie ist wohl traurig, dass ich fortgehe. Das auch noch, wo mir der Abschied ohnehin schon schwer genug fällt.

Auf einem schmalen Pfad trabe ich hinter Irene her, nach einer halben Stunde erreichen wir die Bushaltestelle. Es ist Sonntag, die Leute sind schön angezogen, viele tragen eine Bibel in der Hand und sind am Weg zum Gottesdienst. Wir fahren ein Stück mit dem Minibus, an einer Kreuzung steigen wir aus, um auf einen anderen Bus zu warten. Ein Freund von Irene kommt mit seinem Auto vorbei. Selbstverständlich bringt er uns zum Flughafen. Dass er dafür einen Umweg fahren muss, macht ihm nichts aus.

A/P LLW: Ich kaufe ein Fullfare Ticket nach Nairobi. Irene muss in ihr Büro, sie will später zum Gate kommen, um sich zu verabschieden. Der Flug hat eine Stunde Verspätung, ich warte auf der Aussichtsterrasse. Dort komme ich mit einer Holländerin ins Gespräch, die ebenfalls auf ihren Flug wartet. Sie ist Krankenschwester, kam vor vier Jahren als Volontär nach Malawi und ist hier "hängengeblieben". Heute arbeitet sie an einem Aids-Projekt. Leider sehe ich die britische Angestellte vom Vortag nicht, ich hätte mich gerne bei ihr bedankt. Nicht ironischerweise, sondern aus ehrlicher Dankbarkeit!

Boardingtime: Irene steht am Gate und checkt die Boardkarten. Der Abschied ist unaufschiebbar. Wir umarmen uns wie zwei Schwestern, die sich für einen Moment gefunden haben und sich wieder trennen müssen.

Von meinem Fensterplatz sehe ich Malawi noch einmal von oben. In mir herrscht ein Gefühlschaos, so viel ist in den letzten Stunden passiert; das A/C rollt zu seiner Startposition, beim Take off rollen bei mir die Tränen.

Malawi – Flammen – das Herz Afrikas – ich habe es in meinem Herzen gesehen und mit dem Verstand gefühlt!

"Khalani Bwino Malawi!" – Goodbye Malawi!

18:00 – Ankunft in Nairobi, nach einer Zwischenlandung in Lusaka. Der Flughafen ist nicht sehr einladend, es regnet in Strömen. Mein Inneres weigert sich, hier womöglich eine Nacht verbringen zu müssen. Unser Staff-Travel hat mich vorgewarnt: Flüge von Nairobi nach Europa sind meist hoffnungslos überbucht.

BA-Schalter: erfreuliche Nachrichten, es gibt einen Flug nach LGW, mein Ticket von LLW – LHW wird akzeptiert. Man setzt mich auf die Warteliste.

LH-Schalter: auch hier geht heute ein Flug nach FRA. Jetzt habe ich sogar eine Wahlmöglichkeit! Ich entscheide mich für den LH-Flug und werde um 21:00 eincheckt. Müde, aber erleichtert warte ich auf den Abflug.

23:00 – Abflug mit LH. Im Flugzeug habe ich eine Zweier-Reihe für mich allein.

"Ah, eine Österreicherin", meint ein Senior F/A.

"Ja! Und eine Kollegin von Lauda-Air!"

Warum ich früher nichts gesagt habe, er hätte für mich ein Up-Grading in die Business Class veranlasst. Kein Problem, er ahnt nicht, wie glücklich ich bin, überhaupt im Flugzeug zu sitzen. Er lässt es sich nicht nehmen und bringt mir ein Overnight-Kit der B-Cl, sehr nett Herr Kollege!

21) Montag, 21. April
   Am Jumpseat – Der Kreis schließt sich

"Nicht die Dinge ändern sich; wir ändern uns."
                    Henry David Thoreau

6:00 – Ankunft in FRA.
Der nächste Flug um 8:40 nach VIE ist überbucht.
Ich warte. Beim LH-Schalter fragt mich eine freundliche Check-In-Angestellte, ob ich mit einem Jumpseat Vorlieb nehmen würde?! Was für eine Frage,
klar will ich! Dankbar nehme ich die Bordkarte entgegen.

8:40 – Abflug nach VIE.
Ich bekomme den letzten freien Jumpseat im Cockpit. Der Kreis meiner 14-tägigen Reise schließt sich
genau da, wo er begonnen hat: am Jumpseat im
Cockpit.

Traumberuf: Flugbegleiterin!
Kein Klischee, für mich ist es die Wahrheit!

22) Epilog
Flammen der Begeisterung

"Auch wenn wir die Welt bereisen,
um das Schöne zu finden, müssen wir es
in uns tragen, sonst finden wir es nicht."
Ralph Waldo Emerson

"Was DU dich traust"... ist ein Satz, den ich oft höre, wenn ich von meinen Reisen erzähle.
"JA, es braucht Mut und JA, es ist nicht immer einfach und alles schön".
Meine Antriebsfeder ist das Feuer der Begeisterung, mein Reiseführer ein offenes Herz, das Vertrauen in mich selbst, in meine Fähigkeiten und in die anderer Menschen. Es war eine bewusste Entscheidung, meine Reiseroute selbst festzulegen und mich der Fortbewegungsmittel der Einheimischen zu bedienen. Das erfordert Wachsamkeit und volle Präsenz. Oft sind die vielen, kleinen Erlebnisse die Perlen der Erfahrung: ein bezauberndes Lächeln; der Geschmack einer Speise; ein Windhauch, der zärtlich deine Wange berührt; eine Wolke, die den Tränen nahe ist; die unendliche Palette der Grüntöne in der Natur... Mit Achtsamkeit und Wertschätzung können wirkliche Begegnungen stattfinden, mit Menschen, einer fremden Kultur und der Natur.
Stolpersteine entpuppen sich im Nachhinein oft als Rohdiamanten. Der Edelste aller Steine hat seinen Namen aus dem Griechischen "der Unbezwingbare". Unter der rauen Oberfläche verbirgt sich reinste Energie, wartet darauf entdeckt zu werden. Meine

Reise offenbarte mir eine Qualität von Erfahrungen, vergleichbar mit dem Funkeln eines freigelegten Diamanten. Dieses Buch ist eine funkensprühende Quelle, niemals versiegend. Wie das? Die Erklärung liefert uns die Wissenschaft: beim Lesen werden Spiegelneuronen aktiv, sie strahlen und feuern, wenn der Lesefunke mitten ins Hirn fällt, an jene Stelle, wo das Herz ist.

An dieser Stelle findet unsere gemeinsame Reise ein Ende. Schön, dass sie mich ein Stück meines Weges begleitet haben. Sie haben Malawi mit meinen Augen gesehen, vielleicht in ihrem Herzen gefühlt und erkannt, dass nicht das Ankommen, sondern die Reise selbst das Ziel ist. Und die aufregendste Reise ist die unseres Lebens selbst. Flugzeuge müssen oft Warteschleifen ziehen. Auch Menschen tun das allzu oft in ihrem Leben. In diesen Warteschleifen (auf den nächsten Urlaub warten, auf den richtigen Partner warten, auf die Pension warten, auf den perfekten Moment warten, warten, warten....) liegen die Perlen der Erfahrung, warten darauf, von ihnen entdeckt zu werden. Das Leben ist immer im Hier und Jetzt, eine Alternative gibt es nicht, also warum nicht daraus das Beste machen?

In diesem Sinne "Happy landings!"
Ihre Esther Wendt

SBY – für alle, die der Lesefunke erwischt hat: Brennstoff für ein Äthiopien-Feuer liegt bereit!

23) Nachwort
Hubert Thurnhofer, der Kunstraum

Von Ausstellungen im Kunstraum kenne ich viele Bilder von Esther Wendt. Ihre "landscape memories" erinnern an ihre Weltreisen als Flugbegleiterin und sind typisch für ihr intensives Farbempfinden. Das Cover dieses Buches vermittelt einen Eindruck davon. Völlig unerwartet war daher die Entdeckung, dass die Malerin auch eine hervorragende Grafikerin ist.

Wie die Autorin in ihrem Reisetagebuch erzählt, hat sie viele Fotos von ihrer Malawi-Reise heimgebracht. In diesen Bild-Erinnerungen hat sie jene Motive gefunden, die sie speziell für dieses Buch in Graphit- und Kohlezeichnungen verwandelt hat. Eine Verwandlung, die mehr über die Menschen verrät, als das durch die Wiedergabe von Dokumentarfotos möglich gewesen wäre.

Obwohl, oder gerade weil die Grafiken in schwarzweiß gehalten sind, wirken sie bunt und lebendig. Hier lenkt nichts ab, sondern alles hin auf das Wesen der Menschen, denen Esther in Malawi begegnet ist, und das ist farbenfroh und lebensfroh!

Selten sind Illustrationen so treffend. Kein Zufall, denn selten sind Texte und Bilder eines Buches aus einer Hand. Die Überschreitung der Grenzen von Literatur und Malerei hat Esther bereits mit ihrer Serie smART² ausgelotet. In diesem Zyklus hat sie bislang Bücher anderer Autoren in Bilder transformiert. Für das Buch "Malawi" und ihre Flammen der Begeisterung in Wort und Bild wird sie wohl ein neues Label kreieren müssen: smART³

Hubert Thurnhofer, Wien 2017
der Kunstraum in den Ringstrassen Galerien

24) P.S.
Du bist die Welt – Weisheit aus Afrika

Das erste Gesetz unseres Seins lautet, dass wir in ein empfindliches Netzwerk der gegenseitigen Abhängigkeit von unseren Mitmenschen und der übrigen Schöpfung eingebunden sind.

Das Wissen um diese gegenseitige Abhängigkeit nennt man in Afrika, in der Sprache der Nguni, *ubuntu*, oder *botho* auf Sotho – Wörter, die sich kaum übersetzen lassen. Es ist die Essenz des Menschseins. Es bezeichnet die Tatsache, dass mein Menschsein in dem Ihren aufgeht und unlöslich darin eingebunden ist. Ich bin Mensch, weil ich dazu gehöre. Es umfasst Ganzheit, es umfasst Mitgefühl. Ein Mensch mit *ubuntu* ist einladend, gastfreundlich, warm und großzügig, bereit zu teilen. Solche Menschen sind offen, zugänglich für andere, bereit zur Verletzlichkeit, bestärken andere und haben keine Angst vor den Fähigkeiten anderer. Denn sie haben ein gesundes Selbstbewusstsein, das aus dem Wissen kommt, dass sie einem größeren Ganzen angehören und beeinträchtigt sind, wenn andere gefoltert oder unterdrückt werden oder behandelt werden, als seien sie weniger, als sie wirklich sind. *Ubuntu* macht die Menschen unverwüstlich, lässt sie überleben und Mensch bleiben trotz aller Versuche, sie ihrer menschlichen Würde zu berauben. DESMOND TUTU

Gefunden im Magazin Brennstoff, Ausgabe Nr. 50, Nov. 2017

Malawi gehört noch immer zu den ärmsten afrikanischen Staaten – die Mehrheit der Bevölkerung hat weniger als 1 USD pro Tag und Kopf zum Leben. Das Bildungswesen ist für die meisten der Landbewohner ein Fremdwort. Erst 1994 wurde eine kostenfreie Grundschulbildung landesweit beschlossen.

Verbundenheit, Freundschaft, Hilfsbereitschaft – die besten Rezepte für Frieden, Sicherheit und ein gutes Leben für alle.

10% vom Erlös dieses Buches spende ich für ein lebensbejahendes Projekt in Afrika. Es soll Brennstoff für Herz und Seele liefern. Wer den Funken auffängt und das Feuer in seinem Herzen weiterbrennen lässt, dem schenkt das Leben viele Möglichkeiten, sein Herz auf Hilfsbereitschaft einzustellen. Das ist Energie, die unsere Welt verändert.

Esther Wendt, November, 2017

25) Glossar
Begriffserklärung

A/C – Aircraft, Flugzeug
A/P – Airport, Flughafen
BA – British Airways
B-Cl – Business-Class, höhere Tarifklasse
B 767 300 – Boeing 767 300
Closingtime – Zeitpunkt, zu dem der Flug geschlossen wird
Delay – Verspätung
Departure – Geplante Abflugzeit
F/A – flight-attendant, Flugbegleiter
FRA – Frankfurt
Fullfare Ticket – Voller Preis eines Flugtickets ohne Abzüge
Gate – Flugsteig, Wartebereich, bevor man ins Flugzeug steigt
GO – Ground Operation, Boden-Personal
Ground-Staff – Boden-Personal am Airport
Hatrack – Handgepäcksfach über dem Sitzplatz im Flugzeug
ID-card – Identity card, Lauda-Air Firmenausweis
JNB – Johannesburg, Südafrika
Jumpseat – Flugbegleitersitz
KLM – Royal Dutch Airlines
LGW – London Gatwick
LHW – London Heathrow
LH – Lufthansa
LLW – Lilongwe
LT – Local time, Lokalzeit
LUS – Lusaka
NG – Lauda Air

NG-Sticker – Lauda-Air Werbematerial, Aufkleber, Give-away für Kinder

On duty – Im Dienst sein

Overbooked – überbuchter Flug

Overnight-Kit – Kulturbeutel für Passagiere der Business- und der First Class

PAX – Passenger, Passagier

Read for take off – Das Flugzeug ist startklar

Runway – Start- und Landebahn

SBY – Standby – als SBY hat man keinen fix gebuchten Platz im A/C

Security-man – Sicherheitsdienst

Staff-Travel – Abteilung für Mitarbeiterflüge

Three lettercode (IATA-Code) Internationale Abkürzungen für Flughäfen (z.B. VIE für Vienna/Wien)

Upgrading – Aufwertung auf die nächst höhere Klasse

UTC – Universal time coordinated, koordinierte Weltzeit, eingeführt 1972

Y-Cl – Economy-Class, niedrigste Tarifklasse

VIE – Vienna, Wien

26) Malawi – Statistische Daten

Fläche: 118.484 km²
Einwohner: 18.092.000 = 153 je km²
Bevölkerung: Malawier – letzte Zählung 2008:
13077160 Einw. – Bantuvölker u.a
Amtssprache: Chichewa, Englisch
Religionen: 82% Christen, 11% Muslime,
7% Anhänger indigener Religionen
Hauptstadt: Lilongwe
Internationaler Flughafen: Lilongwe (LLW)
Politisches System: Verfassung von 1995 – Präsi-
dialrepublik (im Commonwealth)
BiP: 5,4 Mrd. US$; realer Zuwachs: 2,5%
Währung: Malawi-Kwacha (MK) = 100 Tambala

Der Malawisee – Fakten

Der Malawisee ist der südlichste der drei großen
ostafrikanischen Seen.
Sichtweite: er zählt zu den saubersten Gewässern
der Erde, das klare Wasser erlaubt Einblicke bis zu
20 Metern Tiefe.
Alter: ca. 1-2 Millionen Jahre
Ausdehnung: 31.000 km²
Temperatur: 23 – 28 °C
Max. Länge: ca. 600 km, max. Breite: ca. 80 km,
max. Tiefe: ca. 700 m
Anrainerstaaten: Malawi (ca. 800 km Küste),
Mosambik (200 km), Tansania (300 km)

27) Quellenverzeichnis

Malawi – Statistische Daten:
www.weltalmanach.de/staaten/details/malawi/
20.Mai 2014
Malawisee – Fakten: Wikipedia, 2017
Du bist die Welt – Weisheit aus Afrika: aus dem
Magazin Brennstoff, Ausgabe Nr.50, Nov. 2017,
mit Druckerlaubnis von Heini Staudinger, GEA

28) Danksagung

Ein herzlicher Dank geht an die Menschen, die zur Entstehung dieses Buches beigetragen haben.

Das ist vor allem mein Mann Peter, seine Begeisterung, die er meinem Buchprojekt entgegenbrachte, seine anregenden Ideen und seine unermüdliche, engagierte, tatkräftige Unterstützung.

Christian Hlade, Chef von **Weltweitwandern** habe ich für das Vorwort visualisiert – und er hat es mir geschrieben!

Hubert Thurnhofer, mein sehr geschätzter Galerist, hat mit seinem Nachwort den perfekten Brückenschlag von der Literatur zur Bildenden Kunst geschaffen.

Martin Doppler, Eva Gösseringer und Margarete Scheipner für die hilfreichen Vorschläge.

Elisabeth Kinsky hat mein Werk mit viel Liebe und Energie korrigiert.

Philip Briggs "Guide to Malawi" von Bradt Publications, UK war meine "Bibel" auf dieser Reise, aus dem Buch habe ich mir meine Route zusammengestellt und alle wichtigen Informationen gefunden, die mir unterwegs dienlich waren.

Dank gebührt all jenen Menschen, denen ich auf meiner Reise begegnet bin, die ihren Teil dazu beigetragen haben, grenzenlose Gastfreundschaft zu erfahren, die mir Einblicke in ihre Kultur und ihr Leben gewährt haben, die sonst nur der einheimischen Bevölkerung vorbehalten sind.

Welch eine Fülle durfte ich in meinen Händen tragen. Dieser Reichtum erfüllt mich mit tiefer Dankbarkeit.

29) Kurzbiographie

 **Esther Wendt** – geboren 1965 in Graz, Österreich, lebte in Tirol, London, Paris, Wien, Deutschland, Israel. Ihre elf Jahre als Flugbegleiterin bei Lauda-Air blieben nicht ohne kreative Folgen. Dieses Buch entstand aus ihren Reise-Notizen von Malawi, wohin sie 1997 zu einer spontanen Reise aufgebrochen ist. In ihrer Abschlussarbeit der Meisterklasse Malerei in Graz hat sie ihren Bezug zur Fliegerei im Bilderzyklus "landscape memories" Ausdruck verliehen. Die großformatigen Werke sind eine subjektive Wiedergabe von Impressionen und Eindrücken ihrer Gedankenwelt.

"Kreativität hat für mich viel mit Neugierde zu tun und der Fähigkeit im Hier & Jetzt zu leben. Mein künstlerischer Ausdruck resultiert immer aus einer tiefen Emotion heraus und einer Frage dahinter. Das Schöpferische lässt sich nicht einengen, es ist eine geistige Kraft, die durch Kunst gelebt werden will – nein, sogar muss!"

Wendts Leben als Künstlerin, Kunsttherapeutin, Autorin und Flugbegleiterin verschmelzen ineinander, das eine profitiert vom anderen. Sie lebt und arbeitet mit ihrem Mann in der Nähe von Graz, Österreich.

30) smART² = das Buch im Bild

Das Bild

Das Buch

Jedes Kunstwerk ist inspiriert von einem Buch, egal, ob Sachbuch oder Roman. Die Originalteile des Buches werden auf einer Leinwand künstlerisch zu einem Gemälde gestaltet, ich nenne es **smART²**.

Mit **smART²** machen Sie elegant und kunstvoll auf ein Buch aufmerksam, das für Sie von Bedeutung ist! Und so einfach kommen Sie zu Ihrem Unikat: Sie geben der Künstlerin das Buch ihrer Wahl und bekommen es als Bild zurück.

Beispiele auf:
www.ewendt-art.at I www.kunstsammler.at

Treffen sich ein Kunstwerk und ein Buch:
"Na, wie wär's mit uns beiden?" sagt das Bild
mit seiner verlockenden Kreativität.
Das Buch hört auf seine Seiten,
schließlich bekommt man nicht jeden Tag
einen Antrag von einem Kunstwerk.
Beherzt öffnet es seinen Umschlag.
"JA, packen wir es an. Lass uns gemeinsam
etwas Großartiges schaffen!"
Esther Wendt

- eine Symbiose aus Literatur + Bildender Kunst
- Weltliteratur bildlich betrachtet
- transformiert Ihr literarisches Werk kunstvoll
- kann sich als Buch tarnen
- bleibt als Bild in Erinnerung

Kleines Bild mit großer Wirkung!
Literatur + Bildende Kunst = **smART²**
Heben Sie (sich) ab mit **smART²** = das Buch im Bild!

Das Bild

Das Buch

smART² Acryl/Mischtechnik auf Leinen, 30x24 cm

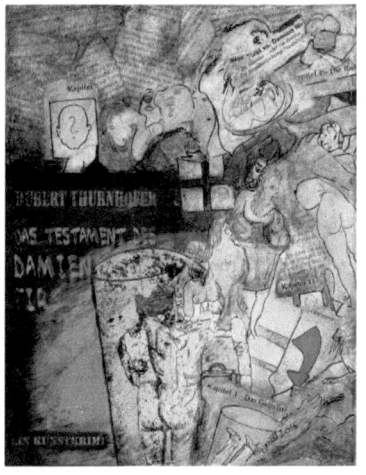